高手发言

GAOSHOU FAYAN

祖臣雷 ◎ 著

台海出版社

图书在版编目（CIP）数据

高手发言 / 祖臣雷著. -- 北京：台海出版社，
2024. 10. -- ISBN 978-7-5168-3913-3

Ⅰ．H019

中国国家版本馆CIP数据核字第2024G37C32号

高手发言

著　　者：祖臣雷	
责任编辑：魏　敏	封面设计：尚世视觉

出版发行：台海出版社

地　　址：北京市东城区景山东街 20 号　　邮政编码：100009

电　　话：010-64041652（发行，邮购）

传　　真：010-84045799（总编室）

网　　址：www.taimeng.org.cnthcbs/default.htm

E - mail：thcbs@126.com

经　　销：全国各地新华书店

印　　刷：三河市越阳印务有限公司

本书如有破损、缺页、装订错误，请与本社联系调换

开　　本：710 毫米 × 1000 毫米　　1/16

字　　数：150千字　　印　　张：11.5

版　　次：2024 年 10月第 1 版　　印　　次：2024 年 10月第 1 次印刷

书　　号：ISBN 978-7-5168-3913-3

定　　价：59.80 元

版权所有　　翻印必究

PREFACE 前言

在发言时，真正的高手往往会展现出一种独特的魅力和智慧。无论是工作场合的会议讨论，还是生活中亲朋好友的聚会，只要他们一开口就能给所有人留下深刻的印象。

任何人在重大的场合或陌生的环境中讲话，都会感到紧张，高手也不例外。但不同于普通人的是，高手会处理好自己的紧张情绪，这就是他们在外人看来，总是那么自信的秘诀。

如果想要让自己的发言像高手一样得体并具有吸引力，我们就要注意说话的方式。高手说话的技巧——高情商发言，就是在与别人交流时，能够准确理解对方的情感和需求，把每句话都说到对方心坎里。

我们还要以恰当的方式表达自己的观点和情感，即使是批评和反对对方的话，在话语的刻意包装下，也会让对方坦然接受，不至于引起矛盾。这种说话的技巧不仅能够避免不必要的冲突，还能够增进彼此之间的了解和信任。

言简意赅是高手发言的一大特点，真正的高手通常能够用最简洁的语言表达出最深刻的思想，他们的话往往直击要害，让人一听即明。我们想要做到这一点，就要学会用简短而有力的语言传达自己的意思，让对方能够迅速理解我们的观点。同时，在讲话时还要注意语速和语调的控制，保持适当的节奏和停顿，让对方更容易接受我们的信息。

学会高情商发言，会让我们在工作和生活中无论做什么事都能够游刃有余。当初入职场时，我们只需几句话就能迅速赢得同事的好感；当成功晋升时，我们简洁而富有感染力的发言，能轻松收获领导的欣赏和同事的掌声；当汇报工作时，我们简短而不失完整的叙述，一针见血的观点，能成功彰显我们的工作效率；当面对客户时，不管对方多么苛刻，只要我们一开口，就能轻松搞定。

而在生活中，高情商发言能够轻易克服日常的琐碎与误解，让与亲朋好友的交流充满理解与温情。当我们以同理心倾听对方的心声，用恰当的话语表达关心与支持，就能在无形中加深彼此之间的情感。无论是家庭聚会的欢声笑语，还是朋友间的深夜长谈，高情商的沟通都能让关系更加和谐融洽，让爱意在不经意间流淌。

此外，高情商发言在解决社交尴尬方面也是一把"利器"，当我们敏锐地捕捉到对话中的微妙氛围时，就能以恰到好处的语言艺术，巧妙地绕过敏感话题，或是将紧张气氛转化为轻松惬意。这样的发言方式，既展现了个人的修养与智慧，也促进了双方之间的理解和尊重，使得原本可能陷入僵局的社交互动，得以顺畅而愉快地继续，从而在无形中增强了人际交往的和谐与深度。

总之，本书从汇报工作、会议发言、述职报告、竞聘演讲、商业应酬、朋友交际、家庭聚会等诸多场景入手，为读者提供了说话的公式和技巧。如果掌握了讲话的规律及发言的思路，那么，无论面对什么样的场合，我们都能游刃有余，使自己和听众都满意。

CONTENTS 目录

第 1 章　快速克服紧张情绪 / 1

1. 紧张到崩溃，三招让你快速恢复冷静　/ 2
2. 思维"断档"，万能模板来帮你　/ 5
3. 一着急就忘词，急救方案请收下　/ 8
4. 摆脱自卑，四个方法教你气场全开　/ 11

第 2 章　迅速赢得好感的入职发言 / 14

1. 上班第一天，值得收藏的自我介绍模板　/ 15
2. 到新岗位任职，这样讲话情商更高　/ 18
3. 领导问你入职后的感受，老实人才说"挺好的"　/ 21

第 3 章　助你步步高升的公司会议发言 / 24

1. 领导问"你对公司有啥建议"，学会三招受重用　/ 25
2. 晋升了，怎么发言才能让领导点赞、下属服气　/ 28
3. 领导讲完问你有没有补充意见，教你高情商应对　/ 30
4. 年终优秀员工上台领奖，这样说让领导记住你　/ 33

5. 客户公司年会，被邀请发言怎么说 / 36

第 4 章　保你成功的竞聘演说 / 38

1. 和领导竞争同一岗位，如何避免尴尬和矛盾 / 39
2. 对手强大，如何利用巧劲以弱胜强 / 42
3. 和对手水平相当，如何稳胜一筹 / 44
4. 研究对手，然后优雅地战胜对手 / 46

第 5 章　让领导点赞的请示汇报 / 48

1. 接到任务、遇见问题、任务完成，分别怎么汇报 / 49
2. 工作出了状况，怎么汇报 / 52
3. 出差在外，如何汇报工作 / 56
4. 没成果，业绩平平，怎么做年终汇报 / 58

第 6 章　轻松搞定客户的语言艺术 / 61

1. 拜访客户常用的"破冰"开场白 / 62
2. 给陌生客户打电话，这样讲话让人信任 / 65
3. 邀约客户，如何说更容易成功 / 68
4. 当客户说"我考虑一下""我回去商量一下" / 70
5. 谈合作，谁也不让步怎么办 / 73
6. 当客户拼命催进度，怎么回复 / 76
7. 客户冲你发火，如何应对 / 78
8. 客户说"你们的价格太高了"，如何高情商回应 / 80

第 7 章　高手必备万能祝酒词 / 83

1. 给领导敬酒，这样说让你平步青云 / 84
2. 和多位领导一起吃饭，怎么说惊艳全场 / 87
3. 敬远道而来的客人，怎么说更贴心 / 90
4. 给离职的同事送行，怎么说才暖心 / 92
5. 聚会上向长辈敬酒，不会说客套话怎么办 / 95
6. 和男性一起吃饭，怎么说让他心情好到"爆" / 97
7. 和女性一起吃饭，怎么夸让她感动又心动 / 100
8. 欢喜升学宴，怎么说寓意满满 / 103
9. 和新郎新娘碰杯，怎么祝福显真诚 / 105
10. 新年聚会，高大上的祝酒词这样说 / 107
11. 情侣庆祝生日，如何祝酒才能浪漫满分 / 109
12. 闺密、朋友生日，怎么祝酒才能引爆气氛 / 111

第 8 章　精彩的日常即兴发言 / 113

1. 婚礼现场突然请你送祝福，怎么办 / 114
2. 请客吃饭的万能开场白 / 117
3. 父母寿宴上，这样说感动全场 / 121
4. 家长会突然被邀请发言，如何轻松应对 / 124

第 9 章　高情商接领导的话 / 127

1. 领导让你买 18 元的早餐，转给你 20 元，怎么回合适 / 128
2. 领导说"盛这么多，喂猪呢"，别忙着认错 / 130
3. 领导跟你说"辛苦了"，教你教科书级的回复 / 132

4. 当领导安排工作时，别只会说"收到" / 135

5. 电梯里偶遇领导，聊点什么不尴尬 / 138

6. 领导突然让你提一杯讲两句，学会这 4 个万能公式 / 141

7. 领导说"批评你别往心里去"，别说"没关系" / 143

8. 领导问你"××怎么样"，怎么评价不得罪人 / 145

9. 领导问你忙不忙，聪明的下属这样答 / 149

第 10 章　机智应对社交尴尬 / 152

1. 女生问"你为什么加我"，这样回才能俘获芳心 / 153

2. 女生说"我比你大"，巧妙回复让她心动 / 156

3. 女生说"我们不合适"，怎么回让结局反转 / 158

4. 有人对你进行容貌攻击，如何漂亮地回击 / 161

5. 被起哄请客买单，优雅回应不吃亏 / 163

6. 有人在饭局上夸你酒量好，幽默回应展示魅力 / 166

7. 客人说"菜点多了"，这样回应让你倍儿有面 / 168

8. 同事在领导面前说你不配合他工作，智慧反驳 / 170

9. 毫不相干的人给你派活儿，这么说不吃哑巴亏 / 172

第1章
快速克服紧张情绪

1 紧张到崩溃，三招让你快速恢复冷静

我们在登台演讲时，内心难免会感到紧张。如果我们始终无法平复自己的心情，可以在临登台前尝试利用一些小技巧来快速有效地缓解紧张情绪。

情景故事

第二次世界大战爆发后，丘吉尔临危受命出任英国首相。当时，纳粹德国计划入侵英国，丘吉尔决定在国会上发表一次演讲，向全国宣布政府抵抗法西斯的决心。然而，在演讲前夕，他感到极度的焦虑和紧张，久久无法入眠。

为了调整自己的状态，他开始思考这次演讲的目标和意义。他意识到这次演讲是为了鼓舞士气、传递勇气和决心，对整个国家的命运至关重要。想明白这一点后，他随即进行了演讲准备，不仅进一步完善了演讲稿，还进行了几次模拟训练，让自己熟悉演讲内容。最后，他尝试了一系列放松练习，终于让自己平静了下来。

当演讲时刻来临时，丘吉尔站在演讲台上，很快就平复了自己的心情，最终顺利地完成了演讲。

上台演讲紧张是很普遍的现象，即使历史上著名的演讲家和领导人也不例外。对他们来说，紧张主要缘于心理压力过大。当演讲非常重要，必须要达到某种效果时，这种压力就会促使人变得紧张。而对于普通人而言，紧张主要缘于缺乏上台经验，对环境比较陌生，或者缺乏信心。

适度紧张
- 大脑兴奋
- 思维敏捷
- 激发潜能

过度紧张
- 心跳加快
- 手心出汗
- 大脑空白

紧张情绪是一种正常的反应，但不加以处理，很容易影响我们的演讲效果。而想要缓解内心的紧张情绪，我们可以尝试丘吉尔使用的三种方法。

专注于演讲本身

我们在感到紧张时，可以先想一想演讲的目的，想一想自己要讲一些什么、要达到些什么目标，将注意力集中在演讲上。这样就能很好地避免自己沉浸在不好的想象中，催生内心的焦虑。

🟠 熟悉演讲内容

我们在等待的过程中，可以熟悉演讲内容，反复练习，加深自己的印象。当我们对演讲内容非常熟悉后，内心就会变得更加自信。这种自信会有效缓解紧张情绪。

🟠 放松练习

尝试利用呼吸和转移注意力的方式，将自己从紧张的情绪中抽离，使身体慢慢地放松下来。可以采用临床上常用的"锚定呼吸法"，即将注意力集中在自己的呼吸上，关注自己一呼一吸的身体感受。呼吸是人类的本能反应，将注意力转移到呼吸上要相对容易一些。这样我们就能从生理上缓解紧张情绪。

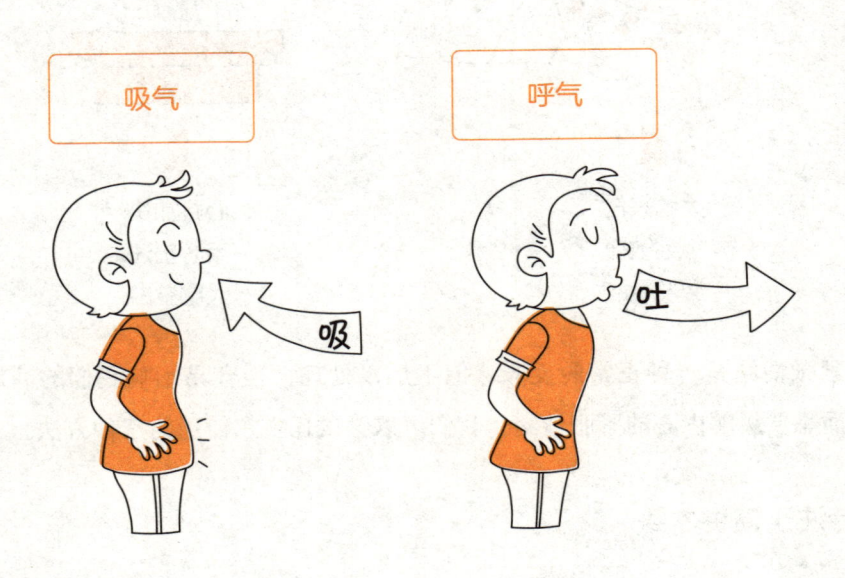

2 思维"断档",万能模板来帮你

流畅的表达是我们在日常沟通、工作汇报、演讲展示等场合中不可或缺的技能。但有时候,我们偶尔会在关键时刻遭遇思维"断档"的尴尬。此时,我们可以利用一种万能模板来摆脱这一困境。

> **情景故事**
>
> 古罗马有一位著名的演讲家,名为西塞罗。相传西塞罗记忆力惊人,能够不借助任何提示一口气演讲几个小时,从未出现过冷场的情况。
>
> 后来,有人向他请教演讲的秘诀,他解释说:"罗马广场上有几根高大的石柱,我在演讲前会为每一根柱子命名,名字就是我演讲中的一个论点。在演讲时,我会在广场中慢慢移动,见到自己命名的石柱时,就能记起接下来要讲什么。"

西塞罗采用的就是"定位记忆法",他认为想要避免思维"断档",就要熟悉自己演讲的环境,将自己的演讲内容与环境中的物品形象建立联系。这样就能在心中搭建出一个大的框架，而我们仅凭几个关键词就能成功串联起整篇演讲内容，且框架越合理、结构越清晰，记忆也就越容易。

SCQA 模型

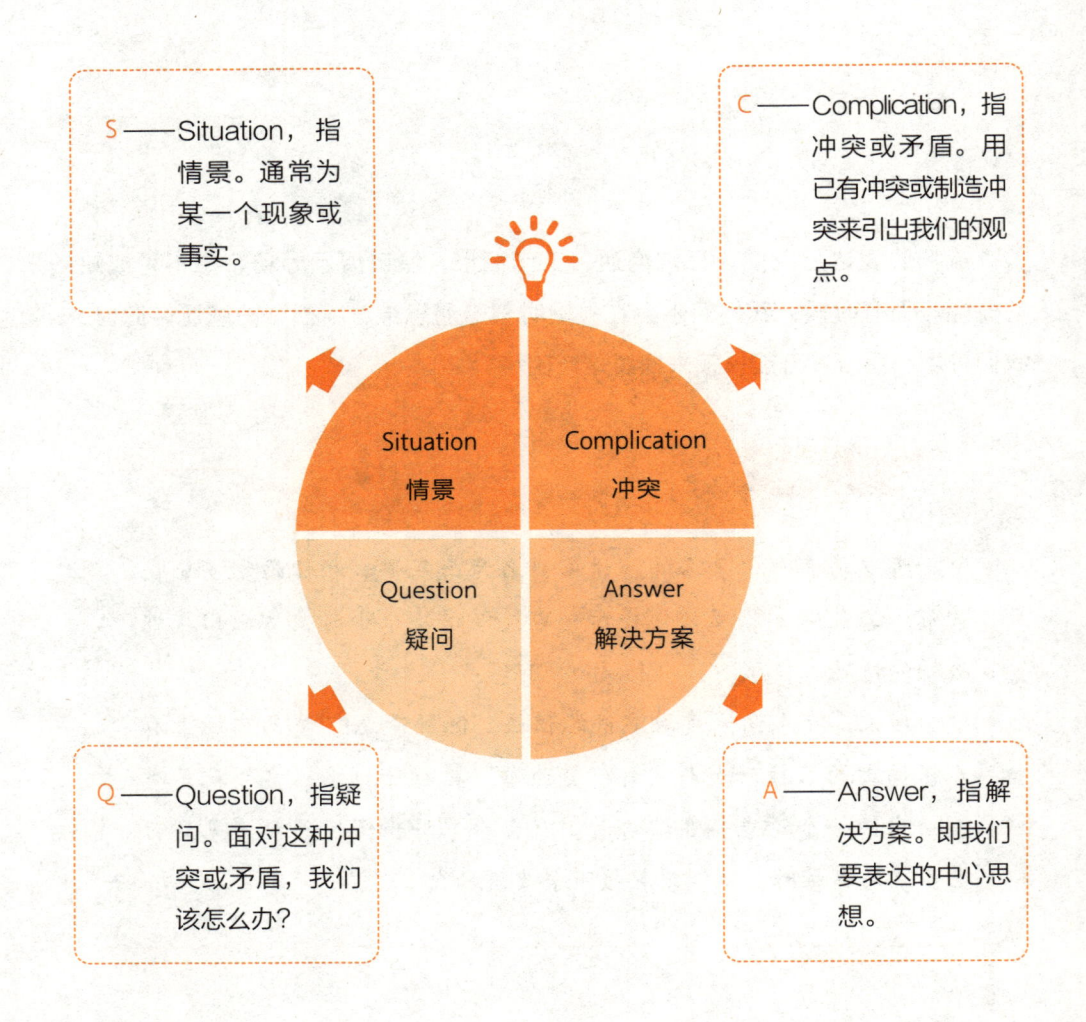

S——Situation，指情景。通常为某一个现象或事实。

C——Complication，指冲突或矛盾。用已有冲突或制造冲突来引出我们的观点。

Situation 情景	Complication 冲突
Question 疑问	Answer 解决方案

Q——Question，指疑问。面对这种冲突或矛盾，我们该怎么办？

A——Answer，指解决方案。即我们要表达的中心思想。

应用案例

> 2007年1月9日，乔布斯在iPhone手机发布会上演讲道：
>
> "我们要重新发明手机，将手机上的按键全部扔掉，只留下一个巨大的屏幕……iPhone使用的OS系统，能满足我们需要的一切，有多任务，有网络功能，懂得管理电源，如同一台电脑一样。我们为你亲手设计了非常舒适的东西……"
>
> 乔布斯的演讲可以总结为：
>
> 阐述现象：市面上有很多其他品牌的手机，如摩托罗拉、黑莓、Treo等。
>
> 引发冲突：它们都不好用。
>
> 提出疑问：那该怎么办呢？
>
> 给出答案：iPhone手机会告诉用户答案。

我们在演讲或汇报前，可以在熟悉内容后，将内容总结成SCQA的结构，提炼出关键信息并加以记忆。这样一来，等到发言时，我们就能够按部就班地讲完所有内容。

3 一着急就忘词，急救方案请收下

当我们登台讲话时，不管在台下排练得多么充分，准备得多么齐全，也可能会出现因紧张忘词的情况。此时，我们必须要及时做出反应，进行补救，以免毁掉整场演讲。

> **情景故事**
>
> 文娟去参加演讲比赛，在演讲到一半时，突然大脑一片空白，忘记了下面该说什么内容。她强迫自己冷静下来，但看着观众席上一片骚动，记忆更加无法唤醒，只好在向观众道歉后尴尬地下了台。

在演讲中忘词是一件很正常的事情，关键在于如何处理这一失误。文娟因紧张忘词而中断演讲，无奈之下，为自己的失误向所有观众道歉。这种处理方法在演讲中是大忌。中断演讲、当场道歉会放大演讲者的失误，而观众的注意力也再难回到演讲中。

忘词大多都是由情绪紧张导致的，只要我们能冷静下来，自然能记起演讲的内容。当我们忘词时，我们要做的就是在不中断演讲的同时，给自己预留

出回忆演讲内容的间隙,而这些间隙就需要用其他内容来填满。

◯ 插话衔接法

> 示例一:朋友们,前面这一部分我不知道大家是否听清楚了。
>
> 示例二:关于这个话题,我想听一听现场朋友的想法。

在忘词时,及时插入一两句与演讲内容相关的问话,并利用短暂的时间回忆演讲内容。比如,与观众互动,主动提问,然后随机请几位观众说一下。这种方式不仅为自己赢得了回忆的时间,还间接地活跃了现场的气氛。

◯ 重复衔接法

> 示例一:我不禁问自己,我懂得爱他们吗?我懂得爱他们吗?

> 示例二：从那一天开始，我彻底变了，彻底变了。我的人生也就此发生了蜕变。

我们忘词时，可以将最后一句话加重语气，缓慢地重复一遍，同时回忆演讲内容。此外，我们还可以围绕最后一句话说一些意思相近的话。需要注意的是，在重复的过程中，我们的语气要重，语速要慢，对外更像是一种强调和对情绪的渲染，实则是为我们留出更多的时间。

○ 跳跃衔接法

> 示例一：值得一提的是……
> 示例二：在此之前，我们讲到了……

如果我们仅仅是忘掉了几句话或者一整段内容，那我们不妨跳过它们，继续讲下去。一般来说，丢掉一些内容并不会破坏演讲的气氛，分散观众的注意力，不至于影响演讲的整体效果。

若这些丢掉的内容比较重要，我们在演讲过程中又想起来了，就可以在演讲收尾前将它补充到演讲中，以保持演讲内容的完整性。而补充的方式就如以上示例所示，重点是尽量自然。

4 摆脱自卑，四个方法教你气场全开

每一次站在聚光灯下演讲，都是一次自我超越的征程，但内心的自卑却像一道无形的墙，阻挡你前进的脚步。想要摆脱自卑，就要学会通过以下方式在演讲中释放自己的气场，逐步建立自信。

展现自信的手势

在演讲中，用手势来配合语言进行表达，能增强演讲的感染力和说服力。演讲中的手势动作主要分为动、静两种。

"静"手势：需要将手放在身体前方，可以双手合十，也可以互握，这样便于我们做手势。但要注意的是，手臂和手肘不要紧贴身体，这样容易显得我们拘谨，一定要相隔一定距离。

"动"手势：常用的区域为上半身，放在肩部以上，用来表达激昂的情绪、强烈的感情；放在腰部以上，肩部以下，用来更好地说明事物，解释论证。该区域是演讲中最重要的手势区域。

我们在使用手势时，不能过于频繁，要和语言形成良好的配合，同时，还要杜绝一些小动作，比如撩头发、摸鼻子等。这些动作会暴露出我们的紧张和不自信，也不太雅观。

◁◁◁◁ 高手发言

不自信的表现 ↓
说话声音小
吞吞吐吐、含糊其词
不敢与人对视

自信的表现 ↓
语气有力
站姿挺拔
眼神坚定

○ **更自信的表情**

在演讲中，如果我们没有任何表情，会让演讲缺乏亲和力和感染力。正常演讲时，我们需要保持微笑，嘴角上扬，在讲到令人激动或悲伤的内容时，表情也要随之变化。

此外，我们还要注意控制自己的眼神，不要飘忽不定，也不要集中在某一区域，要适当地移动，尽量照顾到全场的观众。

○ **站出来的气场**

演讲中要注意站姿，站直站正，不依靠物体，切忌身体左右摇晃。同时，挺胸收腹，双腿之间保持一定的距离，略小于肩宽。

除了固定位置的演讲，我们在演讲时每隔一段时间就换一个地方走动一下，释放自己的气场；移动的时候，尽量面对观众。但要注意的是，不要站着一动不动，也不要一直都在走动，要把握好节奏和时间。

◯ 沉稳自信的语速

我们控制演讲的语速，讲到关键地方的时候要放慢语速，会停顿，会重读。这些语速的变化会显得演讲者非常的沉稳和有自信。不要只用一个语速，要有变化，要有重音、停顿。上台讲话前，我们可以在稿子上重点标注一下，提醒自己讲话的时候改变语速。

第 **2** 章

迅速赢得好感的
入职发言

1 上班第一天，值得收藏的自我介绍模板

在职场中，自我介绍是一个至关重要的步骤。它不仅能够助力我们快速融入团队，还能加深同事对我们的了解。一段恰当的自我介绍，不仅是对自己的一次展示，更是与团队成员建立初步联系的重要桥梁。

> **情景故事**
>
> 大家好，我是李强，非常感谢公司给我这个机会，让我加入这样一个温暖的大家庭，和大家成为同事。希望各位前辈在以后的工作中多多指教。谢谢！

这样的自我介绍听上去十分真诚，不仅表达了自己加入新团队的荣幸，还以一种谦虚的姿态博取同事们的好感。然而，仅这些内容对于自我介绍来说是远远不够的，我们需要在自我介绍中更多地展示自己，以便同事们初步了解我们的能力。

高手发言

正确的自我介绍示例

各位领导、各位同事，大家好！我是李华，我非常荣幸能够成为这个团队的一员。我有五年的软件开发经验，擅长 Java 和 Python 编程语言，希望能与大家一起学习、一起成长，为公司创造更多的价值。非常感谢公司能给我机会加入这个大家庭。谢谢大家！

我为自己代言

"四必说"
- 说姓名
- 说职位或专业能力
- 说希望
- 说谢谢

"四不说"
- 不说功绩
- 不说出身
- 不阿谀奉承
- 不超过两分钟

"四必说"

说姓名： 在自我介绍中，姓名是最重要的，我们要让同事知道具体是哪几个字。如果名字中有生僻字或读起来十分拗口，我们可以告诉同事自己的别称，方便大家记忆。比如，"付筑夫"可以简称为"小夫"。这样既能给同事们留下深刻的印象，也能避免以后相处时同事叫不出名字的尴尬。

说职位或专业能力：如果在全公司范围内介绍自己，我们需要介绍自己所处的部门和岗位；如果在部门内介绍自己，我们需要介绍自己的专业能力，主要擅长哪些技能，让同事对自己的能力有一个初步的了解。

说希望：表达自己的期望和目标。例如："我希望并且相信，在我的努力和大家的帮助下，一定能够快速地适应工作环境，为公司创造更多的价值。"

说谢谢：在自我介绍最后，"请大家多多指教""向大家多多学习"等谦虚的话必不可少。这是一位新人应该摆出的姿态。

"四不说"

不说功绩：不管自己之前取得过什么样的功绩，都不要放在初次见面的自我介绍中，以免有卖弄的嫌弃。即使我们的能力很强，我们也只能在后续的工作中慢慢展现，否则很容易招致一些人的不满。

不说出身：大公司的工作经历、留学经历等内容通常都会在简历中体现，领导和同事有很多渠道来获知。这些内容不适合放在自我介绍中，以免给人一种高人一等的感觉。

不阿谀奉承：在自我介绍中摆出谦虚的姿态很重要，但不要过于谦卑，尤其不要对同事和公司大肆夸赞。这种夸赞其实是在侧面贬低自己，很容易让人小瞧我们，甚至质疑我们的能力。

不超过两分钟：自我介绍要言简意赅，切勿长篇大论。领导让我们介绍自己，是给我们一个展示自己的机会，而不是让我们上台表演，很多客套话、幽默的言语在这种场合是不合时宜的。

2 到新岗位任职，这样讲话情商更高

在职业生涯中，每个人都可能会面临岗位变动的情况。无论是晋升到更高的职位，还是转岗到新的领域，如何在新岗位上快速适应并融入团队，是每个职场人士都需要面对的挑战。而在这个过程中，高情商的沟通方式无疑会为你加分不少。

○ 合作意愿

> 大家好，我是新加入的小蒙，接下来会在客服部与大家共事。我在客户服务领域有三年的工作经验，对于解决问题和提供优质服务有着自己的理解和方法。由于我是新来的，对公司的很多方面还不够熟悉，因此我希望能够得到大家的帮助和指导，以便更好地适应新环境，为公司的发展贡献自己的力量。

表达自己愿意与团队成员合作的态度，能够展示我们合作的态度和开放的心态。

○ 展示自信

> 我非常感激领导和同事们的信任，让我有机会担任主管这一职务。我深知这个职位的重要性，也明白自己肩负的责任。我将不负所托，与大家共同努力，开创更加美好的未来！

新官上任时确实需要展现自己的能力和专业，同时保持谦逊和尊重，以建立积极的第一印象。

○ 明确目标

> 我上任后，将把重点聚焦于效率方面的问题。针对这些问题，我会精心制订一套切实可行的人员搭配计划。我期望大家能够携手努力，共同实现目标，使我们的工作能够更为精准、高效地推进。我相信，在大家的共同努力下，我们一定能够取得令人满意的成果。

为了体现我们的工作思路、领导力和格局，要向大家清晰地阐述我们上任后的打算、目标和计划。

○ 虚心学习

> 对于即将担任的这个新岗位，我深知自己还有许多需要学习和了解的地方。因此，我衷心希望在座的各位领导和同事能够给予我更多的指导和建议。我会倍加珍惜这次机会，不辜负大家的信任和支持。

在新的职位上，谦虚谨慎显得尤为重要。保持开放的心态，勇于承认自己的不足，并愿意向领导和同事请教，不仅能让我们更快地融入新的工作环境，还能帮助我们解决遇到的问题。

展现担当

> 我深知担任主管职位所肩负的责任重大，但我也明白，每一个挑战都孕育着新的机遇。因此，我坚信自己有能力迎接这些挑战，并会全力以赴，不辱使命。我将与团队紧密合作，共同为公司的发展贡献自己的力量，共同创造更加辉煌的未来！

新任职表态发言，是我们职场生涯中的一次重要亮相，也是展现自我、树立威信的绝佳机会。通过这次发言，我们不仅能够向团队表达我们的决心和担当，还能够展现出我们的专业素养和领导才能。

3 领导问你入职后的感受，老实人才说"挺好的"

新入职的员工常常会被领导单独约谈，领导往往会利用这个机会，深入了解员工在加入公司后的真实感受。面对这种情况，很多人为了避免说多错多，会简单回复说"挺好的""还不错"，但这种回复缺乏侧重点，无法帮助我们引起领导的重视。

◯ 对新环境的印象

> 这一个月来，我收获颇丰。我深入了解了咱们公司的运作方式，尤其是在团队协作方面，我真切地感受到了团队的力量。每一位成员都积极贡献着自己的智慧和努力，这让我对完成未来的任务充满了信心。我认真了解了公司的文化和价值观，感受到了满满的活力和积极向上的氛围。我觉得这是一个有前景、值得长期发展的地方。

我们可以具体描述近期的收获，主要提及公司的文化或价值观给自己留下了哪些印象，以及团队的氛围、对新环境的认可。

◯ 技能提升

> 在公司的培训中,我学到了许多宝贵的新知识和技能。一开始,面对这些全新的内容,我确实感到有些迷茫和困惑,但随着时间的推移和不断的实践,我逐渐掌握了这些知识和技能,并能够将它们应用到实际工作中。最近,我有幸参与了一个重要项目,并成功运用新技能为项目提供了有力的支持。当我看到项目因为我的努力而取得了显著的成果时,我感到非常自豪,很有成就感。

该部分主要集中在两点:一是学习了哪些新知识或技能;二是这些知识和技能在实际工作中的应用。这样既能突显我们的学习能力,又能展示自己的实践能力。

◯ 积极的态度

> 接下来,我计划更加深入地学习我们公司的核心业务,以便更好地理解客户需求,为他们提供更优质的服务。同时,我也希望在团队中承担更多的责任,特别是在开发客户方面。我渴望挑战自我,为团队的成功贡献更多的力量。同时,我设定了明确的目标。在接下来的几个月里,我希望能提升自己的工作效率,并完成至少 3 个重要项目。我对自己有充分的信心,相信通过不懈的努力和持续的学习,我能够实现这些目标,为公司的发展贡献更多的力量。

给出明确的计划和预期成果,这样不仅能充分展现我们的职业规划能力,还能让领导对我们未来的表现有所期待。

入职感受回复公式

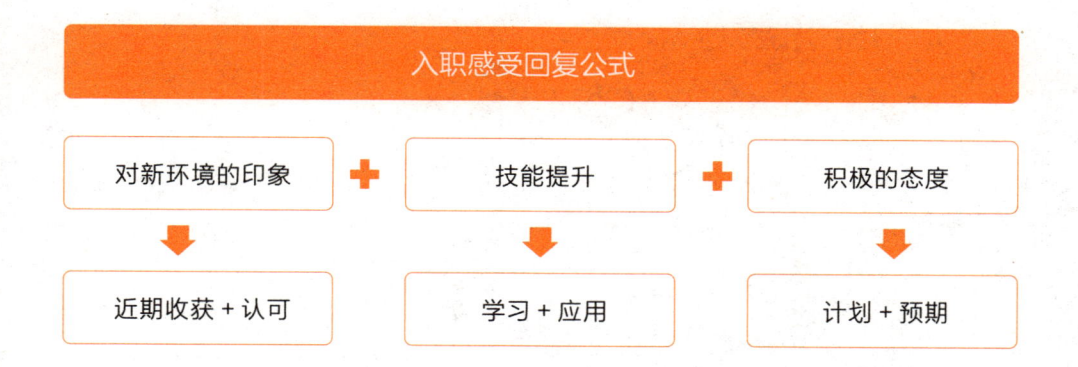

对新环境的印象 ➕ 技能提升 ➕ 积极的态度

⬇ ⬇ ⬇

近期收获 + 认可　　学习 + 应用　　计划 + 预期

第3章

助你步步高升的
公司会议发言

1 领导问"你对公司有啥建议",学会三招受重用

很多领导为了推动公司的良性发展,会积极询问员工对公司的建议,集思广益。作为下属,我们在面对这种情况时,千万不要说"没意见""都挺好",而要真真切切给出自己的建议,如此才能受到领导的重视。

情景故事

刘磊任职的公司每天都需要向外发很多货物,但由于公司离最近的物流集中区很远,往返一次需要几个小时,而发货任务通常会被安排在下午4点,等到任务完成后,时间就已经很晚了。因此,公司的很多员工都不愿意去发货。

一天,在例会结束后,领导问道:"大家对公司目前的规章制度和工作安排有什么建议?都说一说,刘磊先来。"

刘磊站起身来回答说:"感谢领导的信任,那我就分享一下我的想法。最近一段时间公司发展得非常好,本月的业绩相较于之前又提升了10%,大家都很努力。不过,目前大家对发货的工作积极性不是太高,我认为公司需要在发货环节做出一些调整。我有一些不成熟的建议供大家参考:第一,在物流集中区租一间仓库,安排一名库管;第二,买一辆货车,安排一位司机;第三,将发

货时间调整到上午，采用隔天发货的形式。三种方案各有优劣。"

不久之后，领导在物流集中区租了一间仓库，招聘了库管，并配备了发货人员。而刘磊也开始受到领导的关注，并被提拔为组长。

刘磊在提建议时先点明了工作中出现的问题，又给出了"上、中、下三策"用以解决问题，真正做到了言之有物。他采用"三策"的方式既体现了自身的睿智及思虑周密，又将最终决定权交还给领导，这般解决问题的能力加上高情商，必定会引起领导的注意。

低情商回复

示例一：我觉得咱们公司福利待遇、晋升制度都是最好的。

示例二：没有，公司现行制度合理，福利待遇优厚，领导又这么好，哪还有什么建议？

在面对"提建议"的问题时，有些人因为害怕说错话惹麻烦，故意选择缄口不言，或者一个劲儿地说好话。如果领导是真心想要聆听底层员工的心声，我们一味地沉默、耍滑头，就会给领导留下不好的印象，显得我们没有独立思考的能力，不关心公司发展，太过虚伪。因此，在遇到这种情况时，建议是一定要提的。

当我们没有建议时

示例一：来了公司这么长时间，除去本部门的人，还有很多同事都不太熟悉，建议公司多组织几场团建活动，一来可以让大家彼此之间更熟悉，二来也可以释放工作带来的压力。

　　示例二：我觉得每个人都有自己的闪光点，是值得大家学习的。我建议可以适当地开设学习交流会，大家互相交流自己的优势，或者定期开展培训会，让我们可以更快地进步，为公司做更多的贡献。

　　如果我们确实没有发现问题，可以针对"沟通""学习"等方面的情况提建议。这些情况既不涉及工作中具体的问题，又是公司良性发展中实际需要关注的点，也算我们为领导"集思广益"出了一分力。

当我们有建议时

　　我觉得营销部与策划部在业务衔接上不够规范，很容易影响双方的协作。我建议优化现有的工作流程，当营销部获取订单后，需采用书面形式向策划部提供一份详细说明。策划部再进行初步的方案构思和预算制定。如此，既能确保信息的准确性和完整性，又能提高沟通效率。

　　我们在提建议时可以参考"提出问题+给出解决方案+对未来的期望"的模式进行回复。此外，我们所说的问题一定要能够让领导听懂，这一点非常重要。

注意事项

提出的问题	提出的建议
1. 切勿超越本职 2. 切勿干扰决策 3. 切勿过于专业	1. 自己经手 2. 不干涉其他部门 3. 不涉及上层领导 4. 不涉及公司战略和管理

2 晋升了，怎么发言才能让领导点赞、下属服气

我们在获得晋升后，免不了要当众发言，内容基本上都是感谢、表态等。但在不同的场合，面对不同的对象，我们要因地制宜，因时制宜。

私下场合

> 我很荣幸能够得到领导和同事们的认可，担任部门主管。在这里，我要感谢领导的提拔和肯定，感谢同事们的支持和信任。这是我人生中第一次当主管，肯定会有做得不好的地方，希望到时候大家一定不要客气，多多指正。希望大家共同努力，让咱们部门越来越好。

我们在获得晋升后，免不了要请领导和同事们吃饭。在饭局上，不出意外的话，领导肯定会让我们就这次晋升讲两句。我们在发言时一定不要太拘束，也不要太正式，以"感谢＋谦虚＋祝愿"的方式为最佳。这样一来可以拉近与同事之间的关系，方便后续工作的开展，二来能够让领导感受到我们的敬意。

工作场合

> 非常感谢领导和同事们对我的信任和支持，安排我负责这么重要的部

> 门，我感觉责任重大。在后续的工作中，我会加倍努力，把自己的优势发挥到极致，把不足之处一一改进，如果有不周之处，希望大家能多多批评指正。同时，我也坚信在领导的正确带领下，在大家的共同学习、相互配合之下，我们肯定还能取得更好的成绩，实现更大的突破。

公司讲话，发言要正式，可采用"感谢＋自我鞭策＋谦虚＋夸赞领导"的形式。

正式场合

> 感谢单位和组织对我的信任，感谢领导和同事们对我的厚爱和支持，这次任命不仅是对我的认可和接纳，也是对我的鞭策和鼓励。我一定不会辜负大家对我的期望和重托！最后，我要再次感谢领导对我的信任，给我这次宝贵的机会。我也要感谢各位同事一直以来的支持和帮助。我相信，在大家的共同努力下，我们一定能够取得更好的成绩！

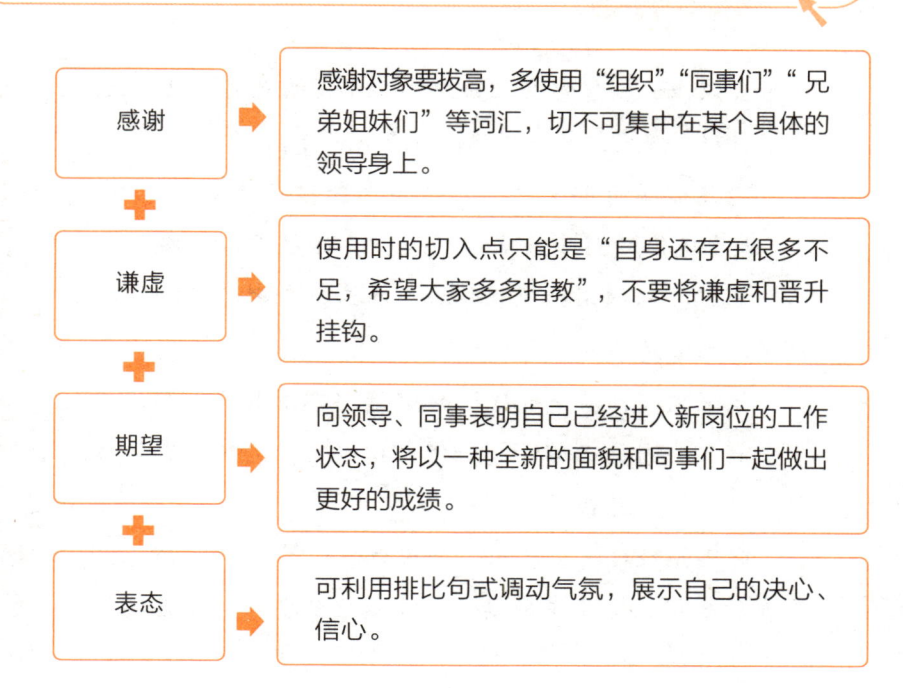

正式场合发言的公式

- **感谢** → 感谢对象要拔高，多使用"组织""同事们""兄弟姐妹们"等词汇，切不可集中在某个具体的领导身上。

＋

- **谦虚** → 使用时的切入点只能是"自身还存在很多不足，希望大家多多指教"，不要将谦虚和晋升挂钩。

＋

- **期望** → 向领导、同事表明自己已经进入新岗位的工作状态，将以一种全新的面貌和同事们一起做出更好的成绩。

＋

- **表态** → 可利用排比句式调动气氛，展示自己的决心、信心。

高手发言

3　领导讲完问你有没有补充意见，教你高情商应对

在会议上，领导陈述完观点后，经常会询问下属有没有补充意见。这是一个展示自己的态度和思考能力的绝佳机会，我们一定要懂得将话说到领导的心坎里。

情景故事

会议上，销售部经理讲解完本季度的销售策略，问道："大家还有什么补充意见吗？晓飞，你来说一下。"

晓飞心里有些忐忑，但又不想错过这个表现的机会，说道："我认为我们的销售策略过于保守，可以尝试一些新的方法。比如，我们可以利用社交媒体进行推广，或者与一些网红合作，增加产品的曝光率。"

经理闻言，眉头微皱说道："这些想法非常新颖，但风险也很大。我们公司的品牌形象一直都很稳重，突然改变策略，可能会让客户感到不适应。"

晓飞见经理有些犹豫，据理力争："我理解您的担忧，但时代在变，我们也需要与时俱进。我相信只要我们谨慎操作，一定能

> 够成功。"
>
> 整个会议室鸦雀无声,经理无奈地说道:"好了,时间不早了,今天的会议就到这里吧。晓飞的想法我会考虑的。"

晓飞在被领导点名时犯了一个很大的错误,他误以为领导想要和他们探讨销售策略,并将心中所想一一道出,加以分析,试图让领导接纳他的策略。殊不知,销售策略是在会议之前就已经定好的,不会轻易变动,而领导口中的"有没有补充意见"是在宣告会议的结束,希望员工趁机表态,鼓舞士气。

常见的错误回复

> 示例一:没意见。
> 示例二:我没什么要补充的。

职场上的每一次沟通都是一次展现自己的机会,我们回复"没意见"固然不会犯错,却无法达到领导的预期。尤其是当领导点名让我们发言时,我们的这种做法可能会让对方失望。

> 我觉得这个方案非常出色,我建议考虑与某些知名 KOL(关键意见领袖)合作,他们的影响力可以帮助我们迅速扩大市场覆盖率。

但是,我们也不能真的去补充意见,或者提出反对意见,否则很容易让领导陷入尴尬,同时我们的意见也不会被领导接受。

高情商回复

> 示例一：领导，您的分析已经非常全面和清晰，我没有其他补充。请放心，我们会按照您的指示全力执行，并及时向您汇报进展情况。
>
> 示例二：领导的讲话字字珠玑，让我们受益匪浅，我们一定会尽心学习，在工作中全面贯彻落实，努力提高自己的工作能力，更好地为公司的发展助力。

领导让我们补充发言，并不是需要我们的补充意见，而是需要我们的表态，同时也是给我们一个表现的机会。我们在回复时，首先要对领导的意见表示支持和赞同，明确已经不需要任何补充，随后就要配合领导，积极表态，以"全力执行""贯彻落实"等词汇鼓舞士气。如此，方能让领导满意。

4 年终优秀员工上台领奖，这样说让领导记住你

我们通过认真工作，获得了公司颁发的奖项。在这个特殊的时刻，如何用恰当的话语表达内心的情感，展现自己的高情商，就显得尤为重要。

◯ 低情商发言

> 示例一：谢谢公司，谢谢领导，我会继续努力的。
>
> 示例二：当领导念到我的名字时，我非常惊讶。在座的各位都非常优秀，这次我能拿到这个奖纯属侥幸。我以后会好好努力的。

"优秀员工奖"属于公司表彰大会中比较重要的奖项，我们在获奖时，千万不要想着随便说几句就赶快下台。这种场合，公司的领导都会在场，一番好的获奖感言能让我们给对方留下深刻的印象，这有助于我们未来的职业发展。

同时我们要注意，在发言中，千万不要为了彰显自己的谦虚，而将获奖的原因归于幸运，否则会让评选奖项的领导尴尬。这是一种认可，我们要大方地接受。

高情商获奖感言

> 很荣幸被评为 2024 年年终优秀员工，在这里，我要感谢李总，感谢陈总，感谢各位领导和同事对我的支持和帮助。
>
> 此时此刻，我的心情非常激动。对我而言，这个奖是对我一年工作的肯定。记得刚进公司的时候，李总对我说："加油干吧，小伙子，我看好你。"这些话一直激励着我。当我登上舞台的那一刻，我想说："我做到了，我没有辜负您的期望。"
>
> 同样，这个奖也是对我今后工作的一种鼓励。在未来的工作当中，我将坚定地回应领导和同事们的期许，以更加专注和敬业的态度投入到工作中。我将秉持务实的工作作风，认真对待每一个细节，并持续不断地学习新的知识和技能，以应对日益复杂多变的工作挑战。我将用实际行动，为公司的发展贡献自己的一分力量，努力为公司创造更多的价值。
>
> 最后，感谢全体同事及各位领导对我的工作的理解、配合和支持，感谢你们对我的关心和帮助，今后我会做得更好，以此来回报大家。谢谢大家！

一篇优秀的获奖感言分为三个部分：开场、正文、结尾。

开场部分的核心内容为致谢，重要人物需要单独拿出来，按照级别高低逐一感谢，末尾感谢全体同事。需要注意的是，在这种场合，致谢的对象一定要与公司相关，切勿涉及父母、爱人等，有些不合时宜。

正文部分的核心内容分为三块：

第一，奖项对自己的意义，比如是对自己努力的肯定、是对继续努力的鞭策等；

第二，表达自己的心情，比如激动、感动、开心等，抒发感情时要足够真诚；

第三，升华主题，比如对工作的认识、对未来的期盼等，其中可以掺杂一些谦虚和自省的态度，比如："我深知自己还有很多不足之处，需要不断学习和进步。我会继续努力，争取在未来的工作中取得更好的成绩。"或者分享成功的经验，比如："在这个项目中，我们遇到了很多困难和挑战，但是我们通过团队合作、共同努力，最终克服了这些困难。我认为，成功的关键在于坚持不懈、勇于创新和不断尝试。我希望这些经验能够对大家有所启发和帮助。"

结尾部分的核心内容为再次致谢和表明决心，比如："未来，我会继续努力，不断挑战自己，争取取得更好的成绩。同时，我也要再次感谢大家的支持和鼓励，让我们一起期待更美好的未来。"

注意事项

1. 发言的时长需要控制在 5 分钟左右。

2. 发言过程中尽量调动自己的情绪，不要干巴巴地背稿子。

3. 发言内容要饱含真情实意，不要在这种庄重的场合抖机灵、讲幽默。

4. 在致谢环节提到某人时，不要讲琐碎的细节，否则很容易破坏气氛。

5 客户公司年会，被邀请发言怎么说

我们作为受邀嘉宾参与客户公司的年会时，免不了登台发言。而这恰恰是双方增进感情、加深了解的绝佳机会。我们一定要把握住这次机会，使双方的关系更加牢固。

◯ 开场感谢，温暖人心

> 尊敬的领导，亲爱的朋友们，大家好！我有幸收到来自贵方的年会邀请函，内心激动不已。非常感谢你们一直以来对我们公司的信任与支持。正是因为有了你们的鞭策与鼓励，我们才能不断进步，取得今天的成绩。

开场用真诚的话语表达对客户的感激之情，能够迅速拉近与客户的距离，为接下来的发言打下良好的基础。

◯ 回顾合作，共话成果

> 在过去的一年里，我们共同完成了×××项目、×××项目，双方精诚团结，取得了显著的成果。期间虽然遇到了一些困难，但在双方

> 的共同努力下，最终完成了目标。事后，你们对我们的服务给予了高度评价，这是我们前进的动力。

回顾过去一年的合作历程是必不可少的环节。可以列举一些具体的合作项目、取得的成果以及客户的反馈。通过展示成就，我们能够增强客户的信心，为未来的合作奠定坚实的基础。

○ 展望未来，携手前行

> 未来，我们将继续与贵方建立战略性合作，秉持"客户至上"的服务理念，不断提升自身实力，为客户提供更优质的服务。我们期待与各位客户朋友携手共进，共创美好未来。

展望未来的合作前景，能够激发客户的共鸣，让他们对未来的合作充满期待。

○ 表达敬意，传递祝福

> 在年会的最后阶段，我将向所有与会人员表达我的敬意和祝福，感谢他们为公司的发展付出的努力，也祝愿他们在新的一年里身体健康、事业有成、家庭幸福。同时，我也送上我对公司的美好祝愿，希望公司能够蒸蒸日上、越做越大、越做越强。

在发言的最后部分，代表公司向客户表达诚挚的谢意，能够赢得客户的掌声和认可，还能为未来的合作奠定坚实的基础。

第 **4** 章

保你成功的
竞聘演说

1 和领导竞争同一岗位，如何避免尴尬和矛盾

我们在竞聘上岗时，有时候会遇到与领导竞争同一岗位的情况。为了避免尴尬，我们要在演讲中弱化竞争的因素，以充分展示自我为核心内容。

◎ 引人入胜的开场

> 当我们谈论一个成功的领导者时，你首先会想到什么？是卓越的领导能力，还是深厚的专业知识？我认为，一个真正的领导者，必须具备的是对团队的热爱和对事业的执着。

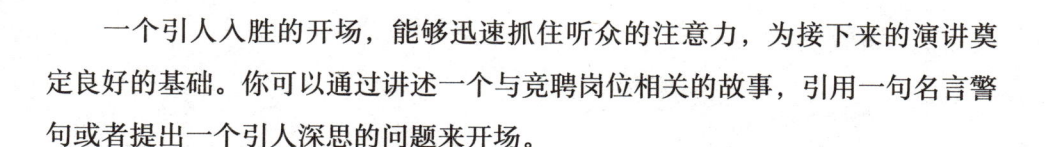

一个引人入胜的开场，能够迅速抓住听众的注意力，为接下来的演讲奠定良好的基础。你可以通过讲述一个与竞聘岗位相关的故事，引用一句名言警句或者提出一个引人深思的问题来开场。

◎ 突出个人优势

> 在过去的五年里，我带领团队成功完成了多个重要项目，其中有一个项目在行业内获得了极高的评价。在这个项目中，我充分发挥了自己

> 的领导能力和团队协作能力，带领团队克服了重重困难，最终取得了圆满成功。

在竞聘演讲中，你需要清晰地展示出自己的个人优势。这些优势可以包括你的工作经验、专业技能、领导能力、团队协作能力等。但是，仅仅列举这些优势是不够的，你还需要通过具体的案例和故事来加以佐证。

明确未来规划

> 如果我有幸成为这个团队的一员，我将全力以赴地投入到工作中去，努力提升自己的专业技能和领导能力。同时，我也将积极与团队成员沟通交流，共同为团队的发展贡献自己的力量。

竞聘演讲不仅仅是展示你的过去和现在，更重要的是展示你的未来规划。你需要清晰地阐述自己对竞聘岗位的理解、对未来的展望以及你将如何为实现这些目标而努力。

激发听众共鸣

> 我一直以来都热爱这个行业，也一直在为这个行业的发展贡献自己的力量。我相信，只有真正热爱这个行业的人，才能够在这个行业中取得真正的成功。而我希望能够成为这个团队的一员，与大家一起为行业的发展贡献自己的力量。

在竞聘演讲中，你需要让听众感受到你的热情和决心。你可以通过讲述自己的成长经历、分享自己的职业理想或者表达对团队的热爱来激发听众的共鸣。

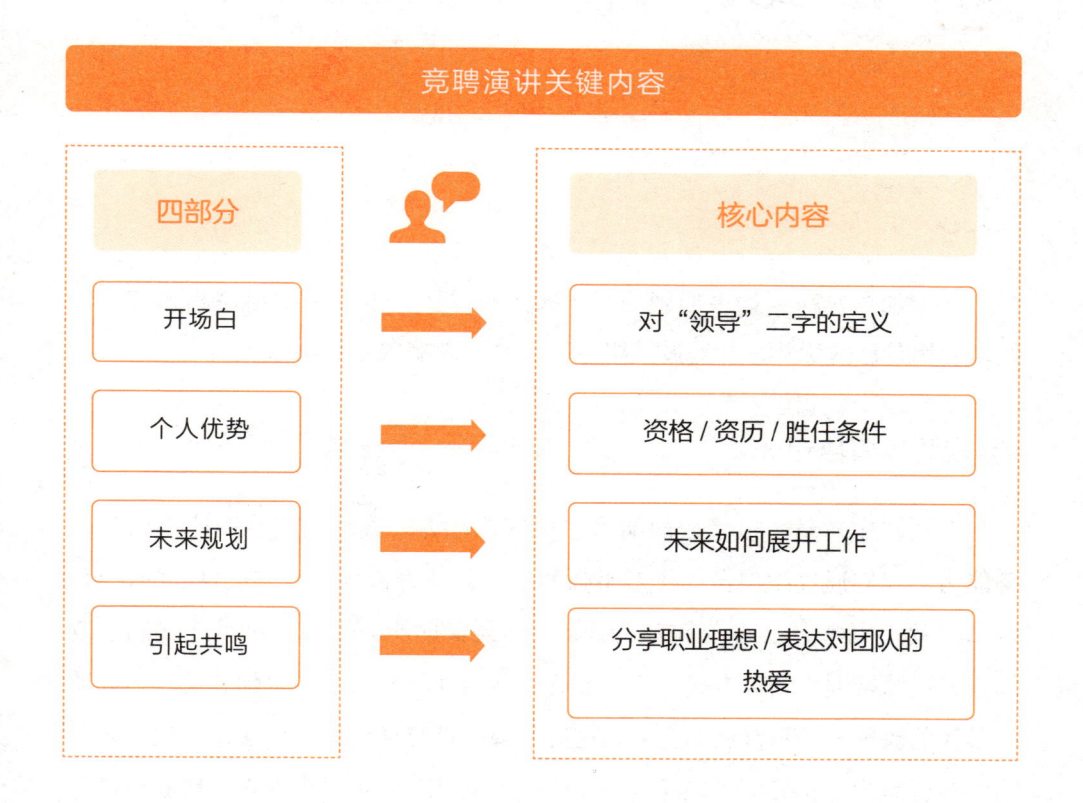

竞聘演讲关键内容

四部分	核心内容
开场白	对"领导"二字的定义
个人优势	资格/资历/胜任条件
未来规划	未来如何展开工作
引起共鸣	分享职业理想/表达对团队的热爱

2 对手强大，如何利用巧劲以弱胜强

在参加竞聘时，如果遇到的对手实力雄厚，我们就要学会避其锋芒，巧妙地利用自己的优势，并通过策略性的行动来影响领导的判断。

○ 重新包装自己

在竞聘中，员工被考校的能力包括管理能力、人际关系协调能力以及业务能力。我们通过找出自己比对手强的地方，并着力表现、突出自己的优势，可以有效地提升自己的竞争力。例如，如果管理能力较强，可以通过制度改革或者组织培训小组等方式，让领导看到你能为团队带来的实际利益。最好通过具体的成果来展示自己的实力。这些成果可以是项目完成情况、业绩提升数据、获得的荣誉和奖项等。通过量化这些数据，我们可以更加直观地展现自己的能力和价值。

○ 影响领导的判断

在领导考虑提拔员工时，他们会全面评估各种因素，其中员工的忠诚度至关重要。要展现自己的忠诚度，一个有效的方法是表现出对领导的尊重与对工作的认真。这意味着对领导的每句话都给予足够的重视，每个命令都能

全力以赴地执行，展现出一种比竞争对手执行力更强的态度。即使在能力上可能稍逊一筹，但通过这种方式，你仍然有机会凭借忠诚度赢得领导的青睐和信任。忠诚的员工通常更容易获得领导的信任和支持，从而在职业发展中获得更多的机会。

构想未来

这种策略并不仅限于简单地描绘业务前景的美好蓝图，更重要的是要针对领导的个人利益进行深入规划和展示。通过精心分析领导的职业目标和个人需求，你可以提出一个具体而吸引人的计划，展示出自己未来如何能够为领导带来个人提升和职业发展上的帮助。这样的策略旨在增加自己的吸引力，让领导看到你的潜力和价值，从而更容易在竞聘中脱颖而出。

需要注意的是，千万不要当着众人的面诋毁竞争对手。这是一个非常不可取的方法。比如，对方曾经出过什么样的糗事，犯过什么样的错误，在哪些方面做得不到位。这样说既不会增加我们的胜算，还会让别人认为我们心胸狭隘。

3 和对手水平相当，如何稳胜一筹

在竞聘中，如果我们的实力与对手水平相当，想要凭借自身优势和能力在演讲中出彩是非常困难的。面对这种情况，在细节上占据优势，才是决定胜负的关键。

○ 着装打扮

在竞聘过程中，着装是一个不容忽视的细节。着装得体不仅能展现出一个人的专业素养和品位，还能给面试官留下良好的第一印象。因此，在竞聘前，要根据公司的文化和岗位要求，选择一套合适的着装。男士可以选择西装革履，女士则可以选择职业套装或优雅连衣裙。同时，要注意着装的整洁和合身，避免过于花哨或暴露的款式。

○ 语言表达

在竞聘中，为了让沟通更加顺畅，我们要确保语言的清晰度和流畅性。尽量避免使用复杂的词汇和句式，选择那些简单易懂、能够直接表达意思的语言。同时，我们也要注意自己的语速和语调，过快或过慢都可能影响面试官的理解。在表达时，保持自信和亲切的态度，这样可以让面试官感受到你的诚意和热情，更愿意与你交流和分享。

◐ 举止仪态

在竞聘的过程中，仪态和举止无疑是展现个人魅力的关键。要特别注意保持微笑，微笑不仅可以传递出我们的友善和自信，还能让面试官感受到我们的积极态度。同时，与面试官进行眼神交流也是非常重要的。我们在读完一段话后，一定要抬头与评委进行目光交流。这不仅能展现我们的专注，还能增强我们与面试官之间的连接感。

◐ 事前准备

在竞聘前，做好充分的准备工作至关重要。这不仅仅包括了解竞聘岗位的要求、公司的文化和发展战略，更要在细节上做到尽善尽美。比如，提前了解竞聘流程、面试官的喜好和风格，以便在面试中更好地展现自己的优势。此外，准备一份精美的简历和自我介绍，突出自己的亮点和成就，也能帮助我们在众多候选人中脱颖而出。

通过对这些细节的注意，我们可以更好地展现出自己的自信和亲和力，从而在竞聘中脱颖而出。

4 研究对手，然后优雅地战胜对手

在竞聘中，想要在众多候选人中脱颖而出，除了自身具备硬实力外，对竞争对手的深入研究同样重要。我们要懂得精准研究对手，从而在竞聘中赢得先机。

知己知彼

在竞聘的战场上，知己知彼是取胜的关键。知己，就是要明确自己的优势、劣势、机会和威胁，制定适合自己的竞聘策略。知彼，则是要深入了解竞争对手的情况，包括他们的背景、能力、经验、优势以及可能存在的弱点。

多渠道收集信息

要全面了解竞争对手，就需要从多个渠道收集信息。可以通过社交媒体、行业论坛、公司官网等途径，了解对手的职业背景、工作经历、项目经验等。同时，也可以关注对手在公开场合的演讲、报告等，从中洞察其思维方式和表达能力。

深入分析对手的优势

在收集到足够多的信息后,要对对手的优势进行深入分析。这些优势包括专业技能、行业经验、人际关系等。通过分析对手的优势,我们可以更好地了解自己与对方在哪些方面存在差距,从而制订有针对性的提升计划。

挖掘对手的潜在弱点

在关注对手优势的同时,也不能忽视其潜在弱点。这些弱点可能隐藏在对手的工作经验、教育背景或性格特点中。通过深入挖掘对手的弱点,我们可以找到突破口,制定有效的应对策略。

制定有针对性的策略

在了解对手的优势和弱点后,就可以制定有针对性的竞聘策略了。策略的制定要紧密结合自己的实际情况和竞聘岗位的要求,确保能够充分发挥自己的优势,同时有效应对对手的威胁。

保持冷静,灵活应对

在竞聘过程中,保持冷静和灵活应对同样重要。面对对手的强势表现,不要慌张失措,要相信自己的实力和能力。同时,也要根据竞聘过程中的实际情况,灵活调整策略,确保能够应对各种突发情况。

在竞聘中研究对手是一项非常重要的工作。通过深入了解对手的情况,我们可以更好地制定竞聘策略,从而在竞争中脱颖而出。

第5章

让领导点赞的
请示汇报

1 接到任务、遇见问题、任务完成，分别怎么汇报

在职场中，很多人由于不擅长表达而忽略了汇报工作的重要性，经常面临失误被责难、成果被他人夺走的困境。其实汇报工作并不难，只要掌握一些技巧，就能成功将自己的价值展示给领导，从而获得更多的机会和认可。

接到任务

我们在接到任务后，要做的第一件事就是明确任务内容以及领导期望的结果，同时还要敲定一些关键细节，比如任务是否紧迫、截止日期等。这样做的目的在于正确理解领导的需求，避免因个人理解出现偏差，导致最终的结果与领导的期望大相径庭。

> 关于您刚刚交代的任务，有几个关键点我想和您确认一下。这份行业调研PPT的风格是否和之前保持一致？有没有哪些关键信息一定要呈现？您本次演讲的具体时长大概是多少？对PPT的篇幅有什么要求？

我们与领导在工作方向上达成共识后，需要给出相应的任务计划，明确计划实施的焦点、重点和难点。

> 示例一：领导，针对您安排的调研任务，我初步思考了一下，目前的计划是……
>
> 示例二：此次的接待任务，我初步盘点了一下，预算是 2 万元，大概行程是 3 天。在行程安排上，我打算带客户参观原料场、加工车间等地，您看行吗？如果没问题我再进一步细化。

如果是一件花费时间较长的任务，我们还要明确汇报的节点，多少天汇报一次进度。另外，汇报内容通常为完成了哪些项目、正在做哪些项目、还剩下哪些项目以及领导是否有新的指示。

> 领导，关于您之前交代的任务，我给您做一个阶段性汇报。目前的进度一切正常，已经完成的部分有，明确了产品的核心功能和特性，并进行了原型设计；正在推进的部分有，产品的基础框架和核心模块的开发。下阶段我会聚焦在剩余的部分，初步的功能测试和性能优化工作，保证任务顺利完成。最终完成的时间大概为 7 月 15 日。您还有没有新的指示？

遇见问题

在完成任务的过程中遇到了问题，我们要及时向领导汇报，同时在汇报时，要提供相应的解决方案。

> 领导，目前项目整体的进展是非常顺利的，但有个情况需要向您请示一下，希望您能帮忙拿一些主意。由于竞品的突然出现，我们的产品无法达到预期的效果。我们制定了两种方案：第一种方案是按照原计划推进，增加少许特色，以区别于市面上的竞品；第二种方案是延缓上线时间，优

化产品，提升竞争力。您觉得哪个方案比较好？

任务完成

当任务顺利完成时，我们要进行总结性汇报，主要内容包括展示项目取得的成果，反思推进项目过程中遇到的问题，对今后类似项目提出改进方向和建议等。

> 示例一：经过全体成员的努力，本季度的任务顺利完成。产品销售额同比增长了 15%，利润率提高了 3%，而且客户满意度达到了 90% 以上。
>
> 示例二：在项目执行过程中，我们也遇到了一些困难和挑战，如团队成员之间的沟通不够顺畅、部分环节的执行效率不高等。这些问题需要我们深入剖析原因并寻求解决方案。

接到任务 ＝ 明确任务内容 ＋ 确认领导期望结果 ＋ 敲定细节

遇见问题 ＝ 汇报具体情况 ＋ 给出解决方案

任务完成 ＝ 取得成果 ＋ 反思问题 ＋ 改进意见

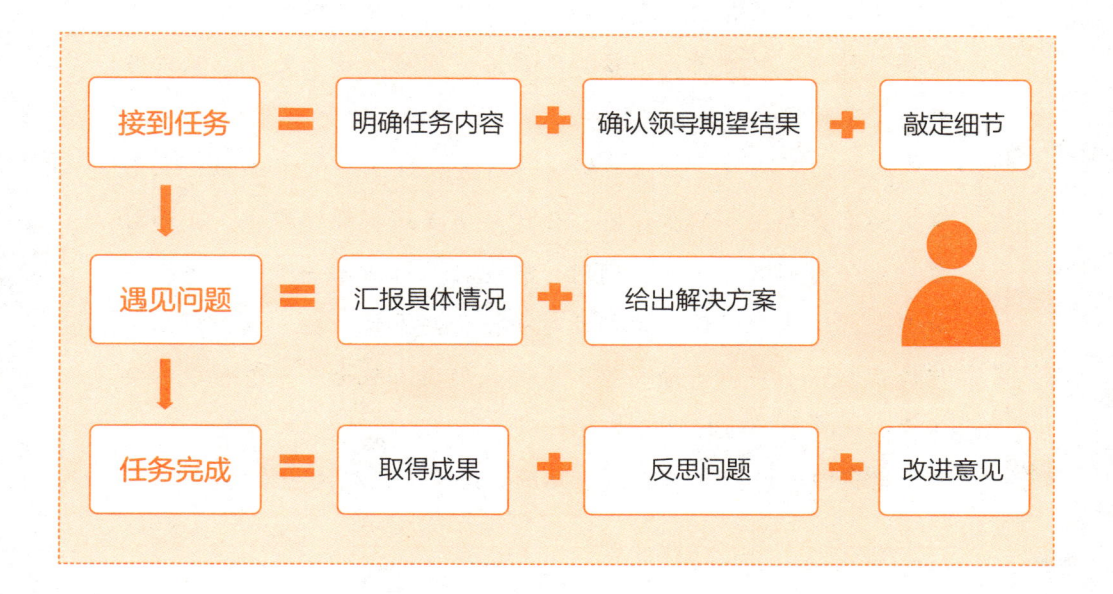

2 工作出了状况，怎么汇报

当工作出现状况时，很多人往往不知道该如何向领导汇报。其实，只要掌握汇报的技巧，我们在汇报坏消息时就能降低领导的怒火，让自己转危为安。

情景故事

欣欣负责的客户在合约到期后，拒绝了她续签的要求，不管她如何挽留，对方都没有松口。最后，在她的请求之下，双方另外约定了时间针对合作进行详谈。

欣欣回到公司后，立刻将这一消息告诉了老板："老板，上海那边的客户拒绝和我们续签，但这件事还没有最终敲定，我和对方约定了时间再聊一聊。同时，我也托人打听了一下，对方想要放弃合作，主要是因为咱们的对手报价要更低一些。我觉得如果您能亲自出面将报价降一些，或许我们还有机会。您看我现在要不要尽快将会面的时间敲定下来？"

老板回答说："看来也没有别的办法了，你尽快安排吧。"

欣欣的汇报称得上是"标准答案",首先在顺序上,采用了结论先行的方式,让领导第一时间了解发生了什么事情,然后,她又给出了出现该状况的原因以及解决方案,始终在引导着领导的思维。如此一来,领导的注意力就会集中在如何解决问题上,而不是追究责任。

将问题一次性说完

当有多个坏消息的时候,我们要将问题一次性说完,千万不要分开来一一汇报。既然是坏消息,1个与10个没有区别,都会让领导承受负面刺激。如果分开汇报,领导就会遭受持续的刺激。

> 情景对话1:
> 员工:"领导,这个月咱们店铺的销售额下降了15%!"
> 领导:"转化率怎么样?"
> 员工:"和上个月比降低了10%。"
> 领导:"客单价?"
> 员工:"也降低了20%!"
> 领导:"对面店铺怎么样?"
> 员工:"他们倒是增长了5%。"

> 情景对话2:
> 员工:"老板,这个月,咱们店铺的销售额下降了15%,对面店铺的销售额同比增长了5%。分析下来,我们的转化率较上个月降低了10%,客单价降低了20%,流量基本维稳持平。"

两种回复的内容基本一致,但在前者中,领导一次又一次满怀希望地询问，得来的却都是失望的结果，负面情绪就会逐渐堆积，很容易爆发出来。

选择正面的表达角度

同一个意思，不同的表达方式所带来的效果也是不同的。即使是坏消息，我们在汇报给领导时也应尽量选择正面的表达角度。

> 示例一：领导，经过调查分析，这次实施的策略有40%的概率会成功。
> 示例二：经过一番了解，新客户还是有和我们接触的意愿的，不会直接拒绝我们。

有些话如果平铺直叙，很容易给领导消极的感觉，比如"会失败""会拒绝"等，换一种说话方式更容易让领导接受，而不会引发他们的负面情绪。

减少数据带来的冲击力

我们在汇报中涉及数字或具体的金额时，要尽量将数据等改成比例，以减少数据带来的冲击力。

> 示例一：回顾本季度的业绩，我们注意到营业额下滑了100万元。经过细致的研究，我们认识到这主要是由于推广活动的力度不足以及资金链的紧张所导致的。因此，为了在下个季度恢复并提升业绩，我们计划将推广费用提高大约15万元，以期通过加强推广来带动销售的增长。

> 示例二：回顾本季度的业绩，我们注意到营业额下降了10%。经过细

> 致地研究，我们认识到这主要是由于推广活动的力度不足以及资金链的紧张所导致的。因此，为了在下个季度恢复并提升业绩，我们计划将推广费用提高 30%，以期通过加强推广来带动销售的增长。

两者相比较，"100 万""15 万"等数字太大，会让领导觉得营业额下降得太多，需要增加的推广费用也太多。如果转换成"10%"和"30%"，就不会给领导造成太大的负面刺激，更容易被领导接受。

给出解决方案

我们在汇报时不仅要分析问题，还要给出具体的解决方案。如果我们的分析准确且解决方案切实可行，那么这次"危机处理"无疑将成为我们展现个人能力的绝佳机会。需要注意的是，在给出解决方案时，我们尽量多准备，让领导有所选择，让领导参与其中。如果领导顺利解决了问题，那领导基本上就不会再追究我们的责任。到时候，我们再向领导诚心道歉，问题就圆满解决了。

高手发言

3 出差在外，如何汇报工作

我们出差在外时，需要及时向领导汇报工作进展。掌握工作汇报的秘诀，能让我们在职场中更胜一筹。

情景故事

某公司准备举办一场线下活动，并将这项工作交由小磊全权负责。为了保证活动顺利举办，小磊出差到相应的城市，与承办公司协商，为期三天。

第一天，小磊需要和承办公司负责人一同去现场踩点，确定活动场地。

第二天，他与承办公司一起制定活动方案，包括活动主题、整体基调、活动流程等内容。

第三天，他与承办公司一起安排人员进行后续的执行工作，包括每个人员的具体工作以及完成时间。

由于每天做的事情都不一样，小磊每天都要写一份出差报告，向领导汇报工作进度。

汇报要点

> 今天一共参观了北府、南巷、边塞三个场地,与承办方负责人商讨后,暂定举办地点为南巷,最终将场地费用控制在 2500 元之内。同时,我也熟悉了北府场地的预约流程,作为第二套方案备用。明天将开始活动方案的初步拟定,到时候会及时向您汇报,希望您能给出相关的意见。

汇报的要点主要分为三个部分:基础信息,如约见了什么客户,做了哪方面的调查以及最终的结果;补充信息,如在工作过程中遇到了哪些问题,是如何解决的,是否需要额外的资源支持,等等;次日计划,即阐明第二天要做哪些工作,下一步的行动计划是什么。

汇报的技巧

1. 当天的工作及时汇报,切勿遗忘或疏漏。

⬇

2. 在当天晚上睡觉前进行汇报,保证当天工作的完整性。

⬇

3. 拟定一个框架,逐条罗列,条理清晰,方便领导理解。

⬇

4. 在出差前,了解领导对我们出差的最大期望,在汇报中围绕期望结果展开。回到公司后,第一时间向领导当面汇报,优先汇报紧急、重要的事情。

> 高手发言

4 没成果，业绩平平，怎么做年终汇报

在职场中，一年一度的年终汇报无疑是一场"大考"。尤其是对于那些在工作中没有显著成果，业绩平平的同事来说，如何在汇报中展现自己的价值，避免被"边缘化"，就显得尤为重要。

◯ 利用数据展示成果

在统计年度业绩时，人们通常会将今年的业绩与去年做比较，利用数据来展示自己一年的成果。比如：

> 示例一：今年业绩计划指标 200 万，实际完成 300 万，完成率 150%。
> 示例二：今年总业绩为 120 万，去年总业绩为 100 万，同比增长 20%。

但如果我们业绩不佳，就要突显自己在一年里做了哪些事，以此来弱化业绩不佳的问题。

> 今年累计拜访客户 262 位，共计 516 次；总共完成活动 92 场，活动营收 56 万元，占整体营收的 65%；每天 2 小时数据总结与分析，通过分

> 析共提出优化策略 12 项，分别是提高某环节转化率……

需要注意的是，切忌采用流水账的方式叙述，而且要尽量避免使用"许多""很多""每天"等笼统的词汇。少做比较，多说结果，且多修饰数据。比如，使用户从 100 名增长到 150 名，如果仅简单地说净增 50 名新用户，会显得用户数量太少。我们还可以说"用户量增长了 50%"。

注重表达形式

如果工作内容平平无奇，我们就要在表达方式上下功夫，用简练的语言高度概括，既精致又工整，使汇报内容更具质感。

> 本年度，我以"四个一"建设为抓手，着力提升企业服务水平：开辟一条新渠道，构建一个新平台，培育一支专业队伍，健全一套新机制。

如果涉及相关的业绩数据，我们不要使用图标，而要多使用表格。这样拆分下来，详细列出数据和指标，密密麻麻一大堆，不会太直观凸显业绩下滑的趋势。

解读数据时要丰富层次

> 示例一：我们积极组织开展主题党日、"三会一课"和青年理论学习小组等共计 48 次，以加强党内教育、促进理论学习和业务交流。此外，我们还组织了"业务大讲堂"14 期，以及业务测试 8 次。
>
> 示例二：我们积极组织开展了形式多样的理论学习活动，包括主题党日、"三会一课"和青年理论学习小组等，共计 48 次。同时，我们还组织了

> "业务大讲堂" 14 期，以及业务测试 8 次。在深化作风建设和提升业务能力的同时，我们还积极优化服务流程，有效简化了群众办事的受理环节。这一举措大大提高了办事效率，减少了群众等待时间，赢得了群众的广泛好评。

两者相比较，第二种表达方式通过构建原因、措施、数字、成效的逻辑结构，使内容更加连贯、清晰，且更具说服力和表现力。

○ 彰显态度，展望未来

> 未来的道路固然充满挑战与艰辛，但同时也蕴藏着无尽的希望与机遇。如今，公司正沿着良性的发展轨道，以旺盛的生命力和稳健的步伐，不断向前发展。这一切都得益于公司决策层的明智决策和卓越领导，以及全体员工的共同努力和辛勤付出。我坚信，在公司的引领下，我们必将在未来迎来更加辉煌的发展。我也将带着更大的热情、更高的工作积极性、更强的主动性和责任感，全身心投入到日常工作中，尽职尽责地完成每一项任务，为公司的发展壮大贡献自己的力量。

过往的成绩不尽如人意时，我们就要把重心放在关注未来的规划和展望上，凸显个人的积极态度、对未来的热忱以及对成功的渴望。这种展望不仅体现了个人的冲劲和激情，更传达了一种积极乐观的心态，预示着个人在接下来的时间里将有所作为。

○ 多使用正能量的词汇

多使用"新挑战""契机"等正面词汇，少用"衰退""降低"等负面词汇，比如，将"下降"改为"负增长"，将"失败"改为"暂时的挫折"，将"缺点"改为"改进的空间"，将"困难"改为"挑战"，将"紧张"改为"充满期待"，等等。

第6章

轻松搞定客户的语言艺术

> 高手发言

1 拜访客户常用的"破冰"开场白

我们与客户的初次见面,能否给对方留下良好的第一印象至关重要。一个愉快的开端,会让接下来的沟通更加顺利。因此,我们一定要懂得利用开场白来"破冰",营造一种良好的沟通气氛,缓解客户对陌生人来访的紧张情绪,快速拉近我们与客户之间的距离。

○ 赞美式开场白

> 示例一:刘总,您这客厅装修得真是别具一格,尤其是色调的搭配非常和谐,既显得宽敞明亮,又不会过于刺眼。这几幅装饰画为整个空间增添了几分沉稳和质感,审美水平很高。
>
> 示例二:您看起来真不像 60 岁,无论是您的外表还是精神状态,都给人一种充满活力的感觉。

人人都喜欢听赞美的话,不过我们在赞美客户时要以具体的点切入,比如相貌、穿着、房屋的装修等,少用或不用"美丽""漂亮""厉害"等高概括性的词汇,以免让赞美落于俗套。我们的赞美要让客户感受到我们发自内心的真诚。

攀关系式开场白

> 示例一：张总，听您的口音，您是北京人吧？
> 示例二：听说您是在一中上的学，巧了，我读的是四中，就在您隔壁。

"攀关系"即与客户建立联系，可以从籍贯、工作、行业等方面入手，从而引出更多的话题。这种开场方式能够增进彼此的亲近感，但我们事先要做好功课，了解客户的背景信息，以免出错，使自己陷入尴尬。

聊天式开场白

> 示例一：王总，刚才我上楼的时候看见楼下有几辆卡车在装货，看着像是咱们公司的产品，是在发货吧？
> 示例二：李总，最近的"足球杯"不知道您看了没，塞内加尔居然赢了法国，太不可思议了！

闲聊的话题需要与客户相关，我们可以聊我们眼前看到的，也可以聊最近的热门新闻、兴趣爱好等。但我们事先要对客户有一定的了解，这些热门新闻和兴趣爱好一定是客户关注的点，否则我们只能得到对方不咸不淡的回复。

诱饵式开场白

> 示例一：您一定非常喜欢我带给您的东西。
> 示例二：我们的合作一定不会让您失望。

开场不要直奔主题,虽然客户知道我们拜访他的目的,但还是要降低自己身上推销的味道。我们可以适当卖个关子,勾起对方的兴趣,然后引导对方层层剥茧,最终回到正题上。

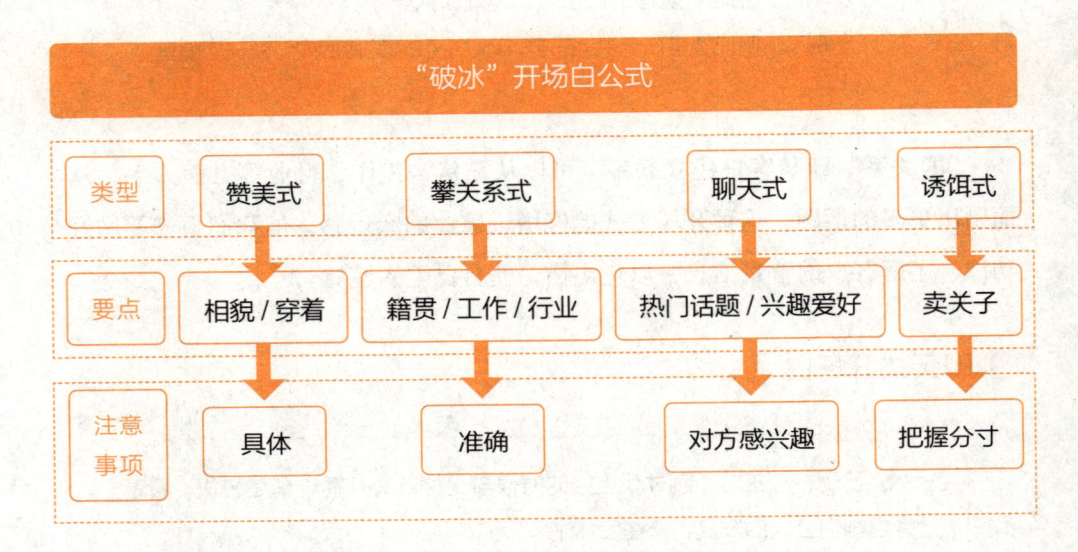

	"破冰"开场白公式			
类型	赞美式	攀关系式	聊天式	诱饵式
要点	相貌/穿着	籍贯/工作/行业	热门话题/兴趣爱好	卖关子
注意事项	具体	准确	对方感兴趣	把握分寸

2 给陌生客户打电话，这样讲话让人信任

一些销售人员在给陌生客户打电话时，往往说不了几句话就会被对方挂断。如果想要避免这种情况发生，就要懂得使用技巧，勾起客户的兴趣，逐步建立信任。

情景故事

销售员："您好，这里是墨鱼公司，一家非常专业的从事猎头服务以及高端人才培训的机构。我是销售专员小王，请问您现在方便吗？"

客户："你有什么事？"

销售员："是这样的，最近我们公司推出了一项针对新客户的特别服务：第一次使用我们公司猎头服务和专业培训的客户，可以享受八折优惠。不知道您有没有兴趣了解一下？"

客户："如果我有需求再打给你吧。"

销售员："好的，方便问您一下，您这边最近有什么新的高端人才空缺吗？或者新的一年有什么培训计划？我看一下我们这边有没有什么可以帮到您的？"

客户："暂时不需要。就这样吧，再见。"

◀◀◀◀◀ 高手发言

该销售员推销服务被拒，主要原因在于太过刻板，一上来就自报家门，销售意图十分明显，而客户在得知这通电话是推销电话时，顿时心生抵触。随后，销售员在双方未建立信任的情况下，强行推销，向客户施加压力，自然会遭到客户的拒绝。

若想要在短短的几分钟内与陌生的客户建立信任，我们就要注意表述中的很多细节。

◯ 问候语

> 示例一：早上好，李总，请问您现在接电话方便吗？
> 示例二：张总好，很抱歉打扰到您了！

在问候客户时，我们要采用熟人的口吻，这样客户在不清楚我们是谁的情况下，就不会直接挂断电话，赢得更多的通话时间。而类似"请问您是王先生吗？"的问候语暗示了我们与对方不认识，是销售的可能性很大，就会引起对方的警惕。

◯ 自我介绍

> 示例一：我是池田公司的小王，这次打电话来主要是向您道谢。
> 示例二：我是池田公司的小王，我们公司是您朋友周总的合作伙伴，想和您谈一项合作。

自我介绍要言简意赅，告诉对方自己来自哪家公司，叫什么即可，这样就会引起客户的兴趣。对方会好奇我们为什么要道谢，"周总"的合作伙伴究竟找自己做什么，使沟通进入下一阶段。

需要注意的是，如果公司名声不显，我们可以借用一些大名头，比如，"中国某某协会"等，或者提及对方熟悉的人。

步入正题

> 示例一：我们这边是人才网的合作伙伴，贵公司一直都在使用人才网进行招聘，为此我们要特别感谢您长久以来的支持。我们看到您在人才网上发布的招聘广告，感觉整个招聘文案写得很好。同时我也有一点小建议，如果稍微调整几个地方，可能效果会更好一点。比如……最近，我们公司推出了一项服务……
>
> 示例二：我们这边是人才网的合作伙伴，从周总那里了解到，您一直对公司的招聘效果不满意，我们公司最近推出了一项服务……

任何客户，在没有需求的情况下，是不可能购买产品的。对于陌生的客户，我们不要在未开发需求的情况下进行推销，一定要引导客户发现自己的需求，然后再介绍自己的产品。经过长时间的沟通，对方了解了我们的产品，双方就会初步建立信任。即使对方仍然拒绝了我们，我们至少也要给对方留下一个好的印象，为下一次推销奠定基础。

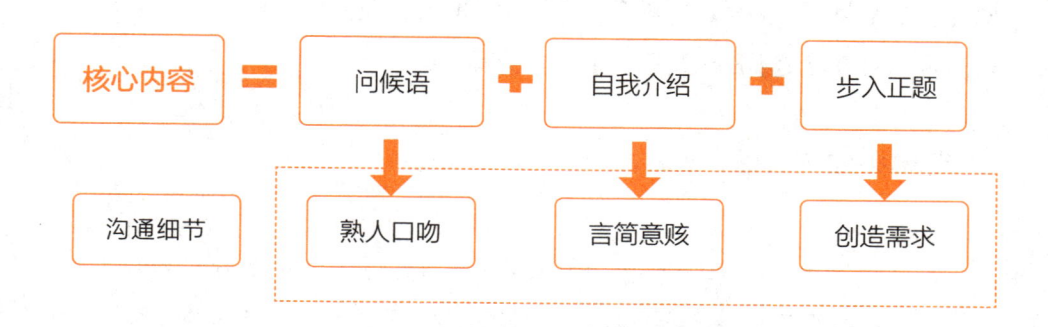

核心内容 ＝ 问候语 ＋ 自我介绍 ＋ 步入正题

沟通细节　　熟人口吻　　言简意赅　　创造需求

> 高手发言

3 邀约客户，如何说更容易成功

我们在邀约客户时，经常会遭到客户的拒绝，主要原因是采取的邀约方式不当。若想要提高邀约客户的成功率，我们就要懂得打消客户的疑虑，不给客户任何拒绝我们的理由。

○ 主动提出拜访的时间

> 王总，您今天下午 2 点钟有没有时间？我想带着公司的新产品给您看看。

不要询问客户最近忙不忙、方不方便，而要直接敲定拜访的时间，只给对方一个是与否的选择。如果客户表示没有时间，我们可以将拜访的具体时间向后推，对方肯定不能一直用"忙"来搪塞我们。

○ 明确会面的价值

> 王总，这次与您会面，我不单单是要和您聊产品。我深耕这个行业已有 10 年之久，累积服务过的客户超过 5000 家。对于行业的最新动态和

> 政策，我也非常了解。此外，我还能给您分析一下，之前您的做法存在的利与弊。所以，您看您明天下午 2 点方便吗？我想与您当面交流一下。

在邀约时充分展示自己的价值，让客户感受到我们不仅只是一名销售员，还是某个方面的专家，能够为他提供更多的行业相关信息以及对行业未来走向的专业判断。这种推销之外的收获，是客户不忍心拒绝的。

降低客户防备

> 王总，不要担心，最终合不合作的决定权在您手上。我想要做的就是给您讲清楚这件事情，减少您在是否购买的问题上纠结的时间。这样您就可以把更多的时间和精力放在别的事情上，您觉得呢？

有时候，客户不愿接受邀约，主要是因为对需要主动掏钱的事情比较抗拒。如果我们在邀约时，提前给客户打好"预防针"，挑明客户拥有决定权，自己一定不会死缠烂打，对方就会安心。

不轻易放弃

如果客户拒绝了我们的邀约，我们可以尝试使用不同的说话技巧继续邀约对方，不要轻易放弃。不管对方以什么样的理由拒绝我们，我们都要至少尝试三次。当然，如果客户的态度过于坚决，那我们就要主动放弃，以免和对方交恶。

> 高手发言

4 当客户说"我考虑一下""我回去商量一下"

在销售过程中，我们经常会遇到一些犹豫不决的客户。这些客户往往并不会提出异议，但当我们提出成交请求时，对方却表示"要考虑一下"。这时，我们一定乘胜追击，打消客户的疑虑，争取拿下订单。

错误回复

> 示例一：好的，没问题。
> 示例二：我等您消息。
> 示例三：那您考虑好了再联系我吧。

客户口中的"我考虑一下""我回去商量一下"，通常来说都是托词，真正阻碍成交的原因必定还是在产品方面存在异议。此时，我们要尝试挖掘出对方的疑虑，尽力去争取客户。

表示理解

> 我感受到您对我们的产品有一定的兴趣和认同，但同时似乎还在犹

> 豫。我想，或许是因为有一些疑问或担忧。如果您愿意，我们可以一起探讨这些问题，并找到最适合您的解决方案。请您告诉我您目前还在考虑的问题，让我们共同面对并克服它们。

对客户的犹豫表示理解，并引导客户说出他的疑虑。只有这样，我们才能找到说服对方的切入点。

发现问题

> 对于您希望在一个星期内交货的紧急需求，我们深感理解并重视。然而，尽管我们的工厂实行 24 小时全年无休的生产模式，但在当前的生产进度和工艺要求下，确实难以保证一周内完成如此大体量的订单。为了尽可能地满足您的需求，我们提出一个折中的方案：如果贵司能够接受采用本土现货原材料替代全进口，我们或许能够缩短运作周期。但请您理解，这样做可能会对纸品的质量产生一定的影响，您能接受吗？

我们在发现问题后，需要及时向客户解释原因，并争取对方的理解；如果有条件的话，可以尝试了解客户是否愿意做出部分牺牲来达到他所想要达到的目的。

解决问题和顾虑

> 针对您急需的纸品订单，我们在不牺牲产品质量的前提下，提出了一个灵活的交货方案。我们计划在一周内先交付 70% 的货品供您使用，以满足您当前的紧急需求。剩余的 30% 则按照原定合同周期进行交付，以确保供货的周期性和稳定性。一方面，您可以立即获得部分货品以应对当前的需求；另一方面，我们也能够获得一定的缓冲时间，以确保剩余货品

的生产和交付都能符合高标准的质量要求。

如果客户坚持自己的想法，那我们可以做出适当让步，或者提供可行的双赢方案，以换取客户的认可。

○ 征求同意

> 我司始终坚守工匠精神，对每一张纸品都倾注了极大的心血。对于您提出的快速交货需求，我们非常理解其紧迫性，但也要确保产品质量不受任何影响。在充分考虑了实际情况后，我们提出了一个"70＋30"的交付方案，即在一周内，我们先交付70%的货品。这些货品将完全符合贵司的规格和质量要求，确保您能够先用上部分纸品以满足当前需求。剩余的30%将按照原定合同周期进行交付，以保证整体订单的顺利完成。

以双方能接受的方案做最后一击，当我们表现出足够的诚意时，客户基本上也会被我们的诚意所打动。

当客户说"我考虑一下""我回去商量一下"之类的套话时，我们需要主动去挖掘客户犹豫背后的真实意愿，消除客户的顾虑，并提出相对应的解决方案。千万不要顺着客户的话让他们离开，否则很大概率会失去这个客户。

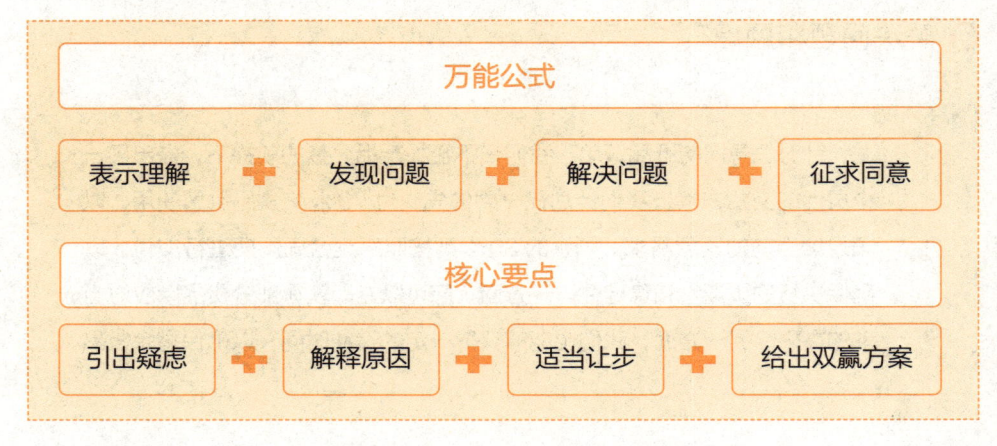

万能公式

表示理解 ＋ 发现问题 ＋ 解决问题 ＋ 征求同意

核心要点

引出疑虑 ＋ 解释原因 ＋ 适当让步 ＋ 给出双赢方案

5 谈合作，谁也不让步怎么办

在商务合作中，我们经常会遇到双方互不让步，使得谈判陷入僵局的情况。而想要打破僵局，我们就要懂得使用策略，逐步攻破对方的心理防线，达到自己的目的。

常见的错误回应

> 示例一：既然您无法接受我们的报价，那就没有什么可谈的了。
> 示例二：好吧，看在咱们多年合作的情分上，这次我就让利一回。
> 示例三：既然大家都不肯让步，那咱们就改天再谈。

我们需要明确一点，谈判的目的是为了达成交易，主动放弃这次合作的机会是最愚蠢的做法，而主动让步会让对方觉得有机可乘，置自身于不利的局面，一味地拖延则于事无补。因此，当谈判陷入僵局时，我们要主动寻求策略破局，如此才更有利于达到我们的目的。

明确态度

> 您知道的，我们公司的产品采用的是顶级的原料、顶尖的工艺，这个

> 报价绝非漫天要价。刚刚我和领导通了电话，也尽量帮您去争取了，但很抱歉，上头卡得很死，这个价格没有任何回旋的余地。

当谈判陷入僵局，明确自己的态度非常关键。报价由我方提出，我们就要强调这是最佳方案，摆出绝不轻易让步的姿态，让对方感受到我们的自信。坚决的态度有助于我们在气势上压倒对方，也为后续让步埋下伏笔，让对方觉得自己争取到的利益来之不易。

双赢策略

> 既然这个价格不能令您满意，不妨我们各退一步，这批新产品的价格按照原本的报价走，其他的产品我们主动降价10%。当然，您也不要再说降价的问题，我们给出了我们最大的诚意，也希望能看到您的诚意。

所谓"双赢"就是各退一步，我们需要让出一些利益给对方，以显示我们合作的诚意，但所让出的利益要从其他方面挤出来，不能直接降价，否则会让对方觉得我们最初的坚持不过是在虚张声势。同时，我们要再次表明自己的底线，将问题抛给对方。

先输后赢策略

> 我们经过商讨，最终决定接受您的报价，但是，我们需要和您签订一个长期的合同。未来三年内，您需要完成合同上全部的交易批次，一旦违约的话，您需要支付相应的违约金。您知道，这批产品在市面上是紧俏货，轻易不会被市场淘汰，您无须担心后续的风险。您看这样如何？

妥协有很多方法，不一定非要满足对方的要求，我们可以将战线拉长，利用未来长期的盈利来弥补当前的亏损。这种先输后赢的策略也能帮助我们破局。

以退为进

> 李总，真的很抱歉，并非我不愿将这款产品卖给您，实在是价格方面我们已经达到了底线。老板考虑到公司的运营成本和利润，无法再降低价格。请您理解我的处境。尽管无法直接给您最优惠的价格，但我保证无论何时，我们都会为您提供最优质的服务，确保您购买到最满意的产品。无论您最终是否选择我们公司，我们以后都愿意和您达成合作。再次向您表达歉意。

假如对方始终不肯让步，那我们也无须再坚持下去。我们可以以退为进，用自己的诚意尝试打动对方。如果对方真的有心与我们合作，那对方肯定会选择让步。即使最终未能达成合作，也属于双方基于自身的考量选择了放弃。

注意事项

所谓"僵持"，指的是双方都有心合作，但彼此在利益上存在分歧。我们需要明白的是，我们在谈判中并非处于弱势的一方，千万不要一受到对方的威胁就变得慌张，试图挽留对方。只有这种表现才会让我们变成弱势的一方。我们需要做的就是，尝试一切策略，使自己在气势上压倒对方，时刻占据着主动。如此，方能达到我们的最终目的。

高手发言

6 当客户拼命催进度，怎么回复

在这个追求效率和速度的时代，职场人经常会遇到被客户催促的情况。而保持平和的态度，巧妙化解来自客户方的压力，是每个职场人必须面对的课题。

◯ 无故催促

> 我非常理解您，知道您是担心货物在路上遇到意外，耽误施工进度，才会一直催着我们发货。请您放心，即使遇到突发情况，我们也准备了相应的方案，保证能在 8 月 3 日之前送到您的手中，请您耐心等待几天。

客户由于对项目进度、服务质量或交货时间的担忧，即使在未超过交付期限的情况下，也会时常询问进度，催促交付。我们可以从客户的心理需求切入，以"理解 + 安慰 + 保证"的形式进行回复。

◯ 延期交付的催促

> 真不好意思，对于我方未能按时交付，我深感歉意。目前整机已经安装完毕，正在调试，等调试结束后，即可为您发货。这次主要是由于新添

第 6 章 轻松搞定客户的语言艺术

> 加的零件不匹配，耽误了生产进度，还请您多多包涵。目前这批货物已经调试了一半，您看要不要先给您发过去一批，等 8 月 4 日调试完成，剩余的再发给您。感谢您这段时间的等待和理解。

由于我方的原因，项目或货物无法按时交付，客户在等待的过程中难免会催促我们。面对这种情况，我们要保持积极沟通的态度，以"致歉 + 确定当前进度 + 坦白原因 + 提供替代方案 + 确定最终时限 + 感谢理解"的形式进行回复。

○ 提前交付的催促

> 我非常理解您的顾虑，毕竟市场瞬息万变，但我也希望您能理解我们的难处。毕竟我们要保证这批货物的质量，最近一段时间我们一直在安排工人加班，但提前 20 天交付对我们来说，的确难度很大。我们只能在保证质量的前提下，尽量加快工作进度。据初步估计，大约能提前 10 天左右，希望您能够理解。

由于客户方的原因，客户希望能提前交付，并不停地催促进度。面对这种情况，我们需要以"表示理解 + 表明难度 + 确定最终时限 + 安慰"的形式进行回复。

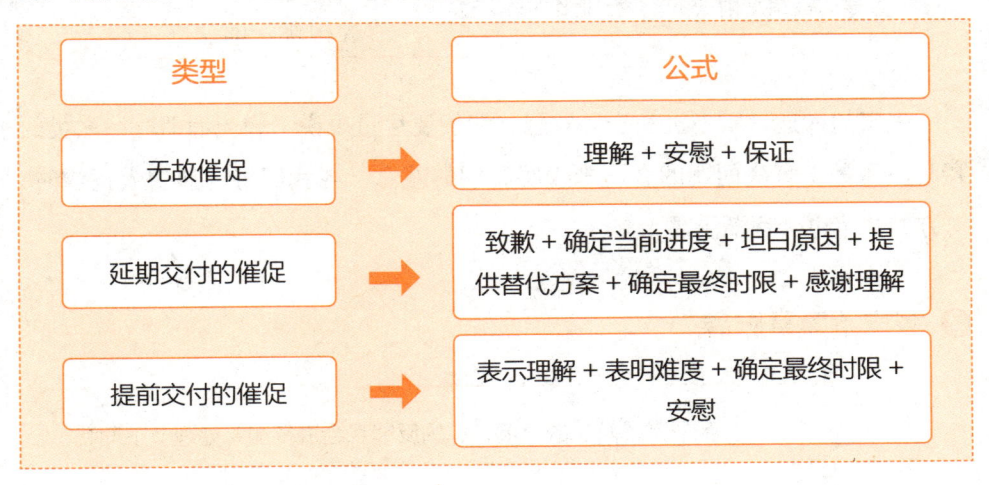

类型	公式
无故催促	理解 + 安慰 + 保证
延期交付的催促	致歉 + 确定当前进度 + 坦白原因 + 提供替代方案 + 确定最终时限 + 感谢理解
提前交付的催促	表示理解 + 表明难度 + 确定最终时限 + 安慰

7 客户冲你发火，如何应对

我们在与客户打交道的过程中，难免会遇到愤怒的客户，这种情况一旦处理不好，就容易产生负面影响。这个时候，我们一定要懂得利用说话技巧消除客户的怒气。

○ 了解原因

> 示例一：听您说了这么久，我还是没弄清楚事情的前因后果。不如您先讲一下您遇到了什么问题，我来帮您处理。您看如何？
>
> 示例二：您先请坐，有什么问题咱们慢慢沟通。不管您遇到什么问题，能给您解决的，我一定给您解决。

生气的人通常听不进劝告和安慰，我们要尽量少说"您先消消气"之类的客套，而是以解决问题的态度来表明我们的诚意。当我们将沟通切入正题时，对方的情绪也会逐渐平复下来。

○ 客户不满意服务

> 示例一：我非常理解您的心情，您的反馈我会进行加急处理。下面我

> 需要询问几个具体的问题，希望您能提供详细的信息，这样会加快我们的处理流程。您现在方便回答几个问题吗？
>
> 示例二：您反馈的问题可能在审查环节存在异议，由于我们这边权限的关系，我需要向总公司反馈一下，预计24小时内会有结果，到时候及时通知您。

当客户因反馈得不到处理而生气时，我们需要给出一个方案，以推进反馈处理的进度，至少要让客户觉得这个方案有助于处理他的问题。

○ 我方工作失误

> 很抱歉，由于我方的疏忽给您造成这些困扰，在这里我真心地向您道歉，请您多多包涵。关于您在这件事情上的损失，我们会尽快给出一个补偿方案，到时候再与您联系。您看可以吗？

如果由于我们的问题导致客户生气，我们要做的就是"道歉"。若对方在这件事情上蒙受了损失，那我们一定要给出相应的赔偿，这才是客户最关心的。

○ 客户无理取闹

> 示例一：不好意思，我们的服务未能让您满意，对此我们深感歉意。
>
> 示例二：您今天来想必是为了解决问题，不管究竟谁对谁错，我们一定会帮您解决问题。

如果客户只是在无理取闹，我们能为对方解决问题就为对方解决，如果不能就及时道歉。在面对客户的愤怒时，谦卑的姿态和积极的态度非常重要。

> 高手发言

8 客户说"你们的价格太高了",如何高情商回应

在销售产品的过程中,不管产品的价格是多少,总会有客户嫌贵。我们如果无法妥善处理客户在价格上的质疑,很容易失去眼前的客户。

情景故事

娟娟去逛街,在一家服装店里看中了一件羊毛衫,但价格却远超自己的预期,便随口说道:"这件羊毛衫看起来不错,但实在太贵了。"

负责接待的店员解释说:"成本高自然卖得就贵一点,不过您放心,这绝对是正品。"

娟娟闻言有些犹豫,显然没有被店员的说辞打动。店长见状从店员手中接过羊毛衫说道:"确实如您所说,这件羊毛衫的价格要比市面上的同款高一些,主要是因为这款羊毛衫的用料和工艺都非常考究。它采用的是100%纯羊毛材质,并在工艺上采用了加厚设计,增强了保暖效果。而且,这款羊毛衫还特别设计了宽松版型,不会束缚身体,穿着更加舒适自在。这样高昂的成本所带

来的效果自然是市面上的同款羊毛衫所无法企及的，一件东西贵必然有它贵的道理。"

经过店长的一番详细介绍，娟娟最终买下了这件羊毛衫。

同样以"成本"为切入点，店员仅仅以成本高作为回复，缺乏说服力。不管是制造成本，还是经营成本，都与客户的利益不相干，根本不能打消客户的质疑。而店长在解答客户的质疑时，选择将成本展开，用更加详细的内容解释了产品的优势，所产生的效果自然就不一样。

常见的错误回复

示例一：不好意思，我们品牌的定价就是这样的。

示例二：便宜没好货，贵有贵的道理。

示例三：我们的产品卖得贵主要是因为成本高。

示例四：便宜的产品您也不放心啊，我们这款产品是货真价实的。

这些回复乍一看没有什么问题，全都给客户解释了产品价格贵的原因，可实际上，客户根本无法理解这些原因。以品牌入手，就要讲规模、讲销量、讲名气；以成本入手，就要讲材质、讲工艺、讲效果。贵自然有贵的道理，但贵在哪里一定要让客户知晓。

高情商回复

示例一：我非常赞同您说的话。与市面上的同类手机相比，我们这款手机的价格的确要更高一些。因为它所搭载的芯片是目前性能最高的一款，能够带给您更流畅、更高效的使用体验。整体来说，无论是在外观设计、功能配置还是摄影性能上，它都远超市面上的同类手机。

示例二：其实，它的价格也并非您想象的那么贵。从产品的使用年限以及设备的稳定性方面换算下来，您仅仅只多花了一点钱，却能拥有非常好的使用体验。当然，既然您诚心想买这款手机，我虽然不能给您打折，但可以赠送您一款蓝牙耳机，权当感谢您支持我们的产品。

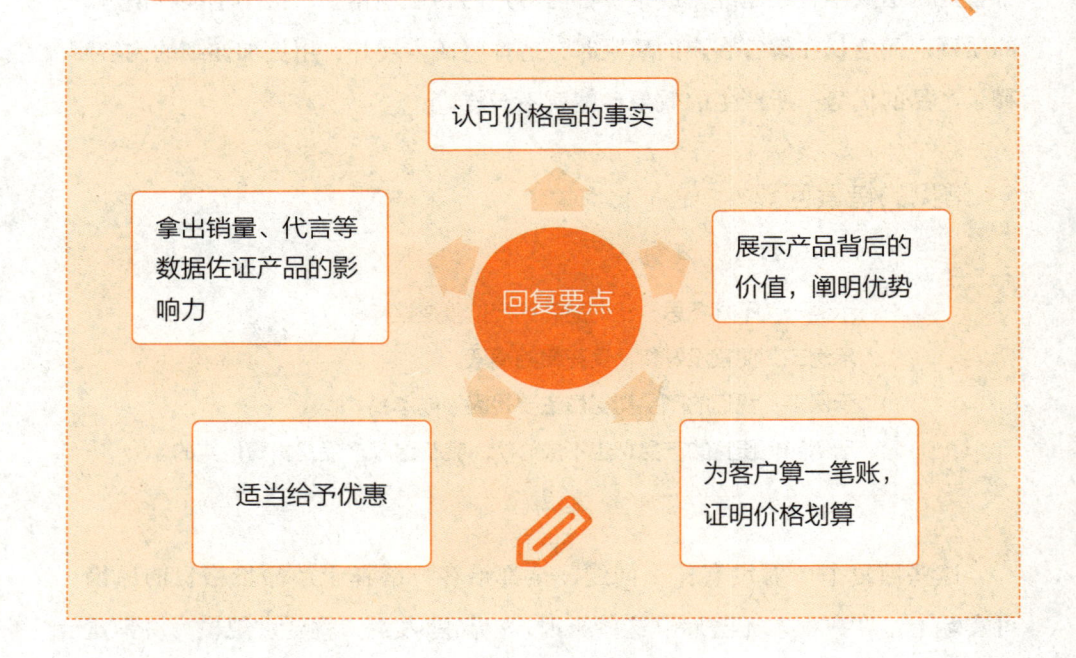

回复要点：

- 认可价格高的事实
- 拿出销量、代言等数据佐证产品的影响力
- 展示产品背后的价值，阐明优势
- 适当给予优惠
- 为客户算一笔账，证明价格划算

第 7 章

高手必备万能祝酒词

高手发言

1 给领导敬酒，这样说让你平步青云

饭局作为一种普遍的社交活动，是展现个人情商和社交技巧的舞台。当领导在场时，一段恰到好处的祝酒词不仅可以表达我们的敬意，还能让领导感受到我们的热情和诚意，有助于我们与领导之间建立起更为亲近和融洽的关系。

情景故事

部门聚餐，同事们纷纷向领导敬酒，轮到海涛时，他端起酒杯对领导感激地说："张总，上次您给予我进修的机会，让我受益良多。我一直都想向您当面表达我的感激之情，今天借这个机会敬您一杯，感谢您多年来的悉心培养和指导。您的教诲我将铭记在心，永生难忘。同时，我也借这杯酒表明心志：未来的日子我将继续跟随您，努力工作，不断追求更好的业绩，以回报您的信任与期望。"

领导闻言脸上露出了欣慰的笑容，说道："未来是属于你们年轻人的，好好加油！来，干杯！"

海涛的祝酒词，采用了"具体事例＋感谢培养＋表态努力"的格式。在敬酒时，提及某个具体的事例是在告诉领导，自己一直记着领导对自己的恩情,有助于体现敬酒者的真情实感。同时,也能够使后续的"感谢培养"落到实处,区别于一般的客套。再加上最后表忠心的话,必定会让领导欣慰不已。

低情商的敬酒词

> 示例一:领导,我这人不会说话,都在酒里了。我干了,您随意。
> 示例二:李总,感谢您对我的帮助,敬您一杯。

在饭局中,我们给领导敬酒是一次自我展示的机会,切不可让它流于形式。"我这人不会说话""什么也不说了"之类的话看似耿直,实则只会让自己在敬酒时出丑;而"感谢领导的帮助"之类的套话毫无真情实意可言,会让我们泯然众人矣,根本无法收获敬酒带来的益处。

事例+感谢栽培+表忠心

> 示例一:领导,这杯酒一定要敬您。上次要不是您力排众议,我这样一个新人根本不可能参与到公司的大项目里。这次经历让我学到了很多,可以说是受益匪浅。感谢您对我的信任和栽培,我以后一定会继续跟随您的脚步,努力工作,不让您失望。
> 示例二:李总,今天很荣幸能和您一起吃饭。上次的项目,幸亏有您的指点我们才可以顺利完成交接,一直想和您说声"谢谢"。另外,我平时给您添了不少麻烦,借这个机会,我敬您一杯,希望在您的带领下,再接再厉,争取明年更好地完成部门的业绩目标。

在祝酒词中提及具体的事例,有两个好处:一方面,能让领导认为我们是一个将他的恩情记在心里的人,在日后的工作中,他会对我们更加关注;另一方面，在饭局这种公共场合，我们主动提到了领导对我们的帮助，会在无形中为领导树立一个好的形象。

○ 反思 + 感谢包容 + 表决心

> 领导，感谢您这么多年对我的悉心培养，我仍深感自己距离您所期望的标准还有很大的差距。在很多方面，我都未能做到尽善尽美，让您为我操了不少心，感谢您的包容和理解。未来的日子，我一定会努力工作，不会让您失望。

如果我们最近一段时间在工作上出现了失误，或者想要展示自己谦虚的态度，就可以使用"反思 + 感谢包容 + 表决心"的祝酒词形式。这种反思自我的姿态会让领导进一步认可我们，后续的真情实感也能更好地打动领导。

○ 俏皮话 + 幽默

> 示例一：激动的心，颤抖的手，我给领导敬杯酒，领导不喝嫌我丑。领导，您觉得我长得丑不丑？
> 示例二：火车跑得快，全靠车头带，大家吃好喝好，全靠您来领导。

如果我们与领导的关系很好，而领导也是一个开朗幽默的人，我们在敬酒时就可以说一些俏皮话来带动饭局的气氛。需要注意的是，此类祝酒词要求在场的都是相熟的人，尤其是不能有更高级别的领导或客户，以免让领导失了面子。

2 和多位领导一起吃饭，怎么说惊艳全场

在职场中，应酬是一门学问，更是一门艺术。当饭局中有多位领导在场时，我们的祝酒词既要出彩，也要妥当。

情景故事

> 公司聚餐，领导和员工齐聚一堂。王凯想要在领导面前好好表现一番，便端着酒杯走到领导们的桌子前，说道："领导们好，我是策划部的王凯，敬你们一杯，祝愿你们身体健康，万事如意。"
>
> 等王凯回到自己的座位上时，一位同事小声对他说："哪有你这样敬酒的，这不是让领导们难堪吗？"王凯闻言一头雾水。

王凯向领导敬酒的初衷是好的，但犯了一人敬多人的错误。在饭局中，一人敬多人只适合于领导敬下属、长辈敬晚辈。而且他的祝酒词也过于俗套，流于形式。

○ 敬最高层领导

> 领导，您好！我是销售部的何琛。今天能有机会与您见面，我深感荣幸，想借此机会向您表达我的敬意，敬您一杯酒。未来，如果有任何需要我们效力的地方，请您随时吩咐，我们一定会全力以赴。在此，我衷心祝愿您身体健康，事业蒸蒸日上，更上一层楼。我先干为敬，您随意就好。

在给高层领导敬酒时，我们要采用"自我介绍＋积极表态＋祝福收尾"的形式。公司的高层领导通常不认识底层员工，敬酒时的自我介绍很重要，至少能给对方留下一点印象。后续，我们要利用真诚的"表态"来加深领导对我们的印象。

○ 敬其他部门领导

> 李经理，非常感谢您对我的帮助。上一次在重点项目中，您给了我一个非常好的建议，同时也点醒了我，实在是受益匪浅。今天终于有这个机会能够向您表达感谢，这杯酒敬您，希望以后多多向您学习。

其他部门领导虽然与我们平时很少有交集，关系比较浅，但在敬酒时，我们还是需要带着满满的诚意。如果彼此有协作事宜，可以就此提出来；如果没有，就只感谢领导对自己工作的支持，比如说多亏了他们的帮助，自己的工作才这么顺利。

○ 敬直属上司

> 这么多年以来，承蒙领导对我悉心栽培。平时让您费心不少，在这里

> 非常感谢领导，同时以后我也会更加努力工作，多多向大家学习，争取把工作完成得更漂亮，绝不让您失望。

在敬自己的顶头上司时，我们要突出领导在工作上对自己的帮助，可以列举一些具体的事项，并说出自己的真实感受，表达感恩。如此，我们就在领导的上司面前，为领导树立了一个好的形象。

多位领导在场的饭局，场合比较正式，我们在敬酒时，切勿开玩笑，以免破坏气氛，让领导们难堪。

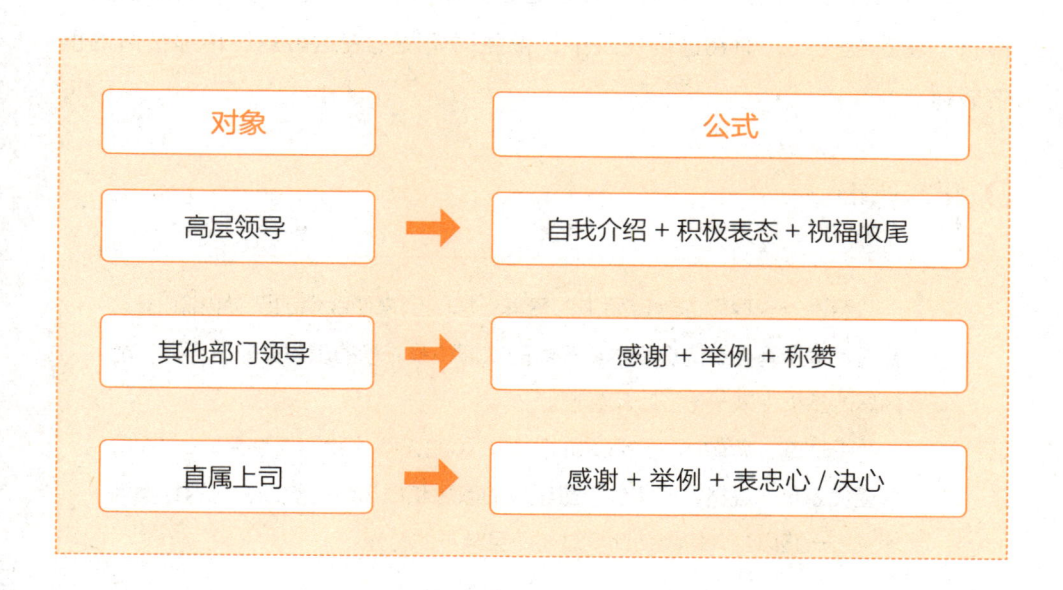

对象	公式
高层领导 →	自我介绍 + 积极表态 + 祝福收尾
其他部门领导 →	感谢 + 举例 + 称赞
直属上司 →	感谢 + 举例 + 表忠心 / 决心

高手发言

3 敬远道而来的客人，怎么说更贴心

在社交场合，远道而来的客人总是备受瞩目。对于他们，我们需要精心准备一场欢迎仪式。而在这场仪式中，祝酒词无疑是表达敬意、传递情谊的重要载体。

◯ 正式风格

> 示例一：尊敬的远道而来的贵宾，您的到来使我们的聚会倍添光彩。我谨代表所有人，向您表达最热烈的欢迎和最诚挚的敬意。愿这杯酒，能为您的旅程带来一份温暖和喜悦。
>
> 示例二：尊敬的远道而来的贵宾，您的光临让我们倍感荣幸。在此，我谨代表全体成员，向您致以最崇高的敬意和最热烈的欢迎。愿这杯酒为您洗去一路风尘，祝您在此度过愉快且难忘的时光。

◯ 亲切风格

> 示例一：亲爱的朋友，你从远方赶来，真的不容易。这杯酒，我代表

第 7 章 高手必备万能祝酒词

大家敬你,欢迎你的到来。希望你在这里能像在家一样,感受到我们的热情和真诚。

示例二:远方的朋友,您的到来真是让我们感到非常开心!请允许我举杯,向您表示最真挚的欢迎。希望您在这里能感受到家的温暖,享受这段美好的时光。

诗意风格

示例一:远方的旅人,你踏着风尘而来,如同诗中的英雄。这杯酒,我为你斟满,愿你在此留下美好的诗篇,愿我们的情谊如美酒般醇厚。

示例二:远方的旅人,您跨越千山万水,只为与我们相聚。这杯酒,如同诗中的佳酿,我敬您,愿您的旅程因我们的相遇而更加精彩,愿您的心灵因我们的情谊而更加丰盈。

幽默风格

示例一:嘿,远方的朋友,来来来,这杯酒我先干了,你随意!不过,还是希望你在这里能有个愉快的体验,毕竟,我们可是费了好大劲才把你请来的!

示例二:哈哈,远方的朋友,听说您可是跋山涉水才来到这里的!来来来,这杯酒我先干了,您随意!不过,我得说,您这趟可真没白来,这里的风景、美食和风俗人情,保证让您不虚此行!

4 给离职的同事送行，怎么说才暖心

职场中的相聚和别离十分常见，当同事离职即将赶赴新单位时，我们经常会在酒桌上说一些祝福语。想要将祝酒词说得暖心，我们不仅要懂得使用一些技巧，还要因人而异。

上司离职

> 离别之际，我心中虽有万般不舍，但我知道这是您追求更高目标、实现更大梦想的起点。祝愿您在新的岗位上能够继续发挥您的才华和智慧，取得更加辉煌的成就，也感谢您过去对我的栽培和帮助。虽然您离开了，但我希望您能够记得我，我以后有机会一定去看望您。这杯酒，祝您前程似锦、步步高升！

当上司离职，我们向上司敬酒时，祝酒词要遵循五个要点：表达内心的不舍，肯定上司的选择，感谢上司的提拔重用，表达对上司的情谊以及对上司真挚的祝福。

同事离职

> 今天我和大家在这里相聚，既开心又感伤。开心的是这么多朋友难得相聚，伤感的是刘哥要离开我们了。大家在一起工作三年，共同度过了无数个日夜，面对过无数挑战。对我来说，刘哥是良师，更是益友。今天，我借这杯酒，感谢你对我这么多年的照顾，也祝愿你在新的岗位再创佳绩、再攀高峰！

普通同事离职时，如果我们与他的关系比较好，在敬酒时我们可以感性一点，表达一下自己此刻的心情，回顾曾经相处的日子，最后再向对方表达真诚的祝愿。

下属离职

> 示例一：你是我们团队中不可或缺的一员，你的离开，无疑是我们的一大损失。俗话说："天下无不散之筵席。"我们虽有万般不舍，但仍要祝福你在新的工作岗位上继续发光发热，再创佳绩。在此，我要向你表达我们全体同事的感激之情。
>
> 示例二：感谢你在过去的岁月里，为团队做出的贡献和付出。正是因为有了你这样的优秀同事，我们的团队才能够不断壮大、不断发展。话不多说了，祝愿你前程似锦、事业有成！

作为领导，下属离职邀请我们参加酒局，我们肯定要在酒局上说一些话。此时，我们要先肯定对方的价值，对对方的离开表示遗憾，最后再给予对方真挚的祝愿。

◀◀◀◀ 高手发言

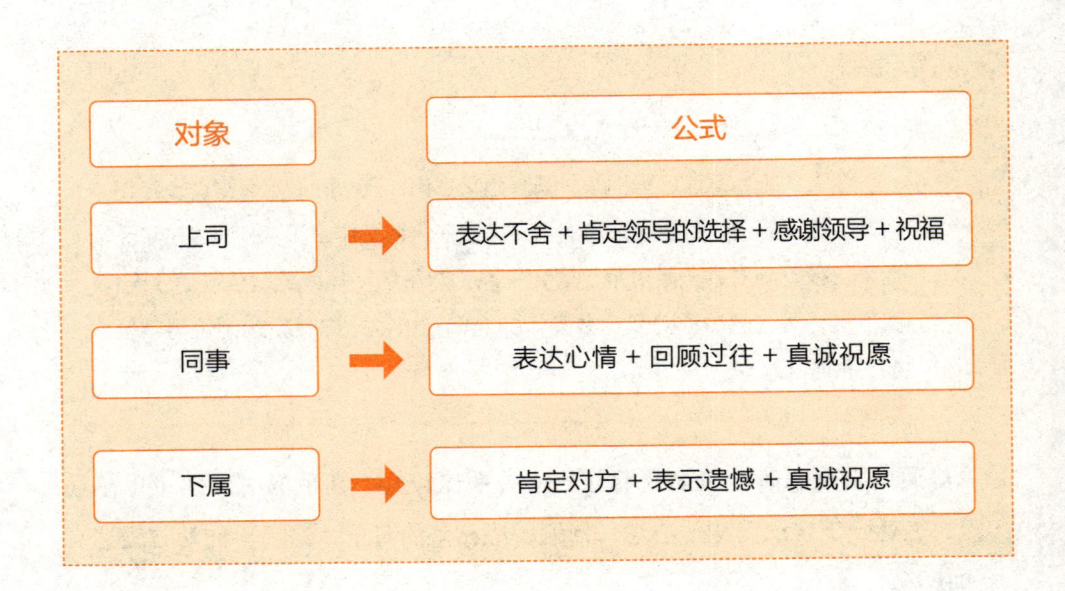

对象	公式
上司	表达不舍 + 肯定领导的选择 + 感谢领导 + 祝福
同事	表达心情 + 回顾过往 + 真诚祝愿
下属	肯定对方 + 表示遗憾 + 真诚祝愿

5 聚会上向长辈敬酒，不会说客套话怎么办

家庭聚会是拉近亲情、传承家风的重要活动。而在这样的场合，向长辈敬酒不仅是一种礼仪，更是向长辈表达尊重和感激之情机会。此刻，我们一定要会说一些客套话。

敬爷爷奶奶

> 尊敬的爷爷奶奶，您二老是我们家族的根和魂，是我们心中永恒的敬仰与依赖。感谢你们为这个家所做的一切，感谢你们为我们树立了榜样和标杆。我们会牢记你们的教诲和期望，不断努力、不断进步。今天，我作为晚辈向您二老敬上一杯酒，祝你们身体健康、长命百岁！

敬年纪大的长辈，祝福语的第一个核心就是长寿和健康，第二个核心就是突显老人在晚辈心目中的地位，以示尊敬。

敬爸爸妈妈

> 亲爱的爸爸妈妈，感谢你们对我的养育之恩。在这个特别的日子里，

> 高手发言

> 我想对你们说一声：谢谢！这杯酒，是我对你们的感激和祝福。愿你们永远幸福、安康，享受生活的美好与宁静。愿你们的每一天都充满阳光和欢笑，愿你们的身体永远健康，精神永远饱满。我会努力学习、努力工作，为你们创造更加美好的生活。

敬父母，祝福的核心是感谢父母的养育之恩。除了祝愿之外，还可以向父母表决心，这样也能让父母开心。

敬叔叔阿姨

> 叔叔阿姨，你们一直是我们学习的榜样。今天，我借这杯酒向你们表达敬意和感激。愿你们在未来的日子里事业有成、家庭美满！

敬与父母同辈的长辈时，我们只要简单地夸赞对方几句，然后向他们表示敬意，最后向他们表达真挚的祝愿即可。

给长辈敬酒的礼仪

站立敬酒：向长辈敬酒时，要站立起来，表示对长辈的尊重。

双手捧杯：用双手捧起酒杯，将酒杯的底部朝向长辈，以示敬意。

微笑致意：在敬酒时，要面带微笑，向长辈致以诚挚的问候和祝福。

简短致辞：在敬酒前，可以简短地致辞，表达对长辈的感激和敬意。

6 和男性一起吃饭，怎么说让他心情好到"爆"

在生活中，与心仪的男性共进晚餐，无疑是许多女孩心中期待的"小确幸"。如果想要在短暂相聚的时光里让他心情好到"爆"，那我们就要懂得夸奖的技巧。

夸餐厅

> 示例一：这里的氛围和服务都非常好，每一个细节都充满了用心与精致，你真是一个会选餐厅的行家啊！
>
> 示例二：每次和你出来吃饭，你总是能带我到令人惊喜的餐厅。无论是昨天街边的小店，还是今天的西餐厅，我都非常喜欢。这让我更加期待每一次和你共进晚餐的时光。

我们夸奖男性选的餐厅，是对他努力和品位的肯定。他会感到自己的选择被重视和尊重，这有助于增进彼此之间的关系，加强彼此之间的信任和好感。

夸点的菜

> 示例一：你点的这道菜真的太美味了，没想到你对美食这么有眼光！

> 示例二：你点的这道菜味道真是绝了，感觉每一口都是惊喜。

夸奖男性点的菜好吃，是对他的一种尊重，可以提升整体的用餐体验。这种积极的情绪会传递给每个人，让用餐过程更加愉快和舒适。

○ 夸幽默感

> 示例一：你说话总是那么有趣，每次和你聊天都让我忍不住笑出声来。
> 示例二：我特别喜欢和你聊天，因为你的幽默感总是能带给我欢笑和惊喜。

夸奖男性有幽默感，也是一种表达你对他的欣赏和喜爱的方式。这种正面的反馈会让他感到被关注和重视，从而加深你们之间的友谊或感情。

○ 夸绅士风度

> 示例一：和你在一起时，你总是那么细心周到，绅士风度十足。
> 示例二：你的绅士举止总是让我感到很温暖和舒适，真的很让人欣赏。

绅士风度通常表现为对他人的礼貌和尊重。夸男性有绅士风度，是对他这种良好品行的赞赏，表明你欣赏他待人接物的礼貌和尊重他人的态度。

夸有见解

> 示例一：你的见解总是那么独特，让我看到了不同的思考角度，这真的很有启发性。
>
> 示例二：你对于事情的洞察力和分析能力真的很强，每次和你交流都能让我受益匪浅。

当我们说一个男性有见地时，我们是在赞赏他的智慧和洞察力。这表示他能够深入思考问题，从不同的角度看待事物，提出独到的见解和解决方案。这种认可会让男性感到自豪和受到尊重。

夸男性的点

- 绅士风度
- 有见解
- 幽默感

> 高手发言

7 和女性一起吃饭，怎么夸让她感动又心动

生活中，能与心仪的女性一同共进晚餐，无疑是一件幸运的事。然而，如何在这美好的时刻，用恰到好处的赞美让佳人既感动又心动，是我们必须要学会的事情。

◯ 夸漂亮

> 示例一：今晚的你，真的让我眼前一亮。你的笑容如同春天的阳光，温暖而明媚。
> 示例二：你今天的裙子真漂亮，颜色搭配得恰到好处，显得你既优雅又有气质。

赞美女性的外貌可以增强她的自信心，让她感到自己受到重视和欣赏，同时这也是一种友好的交流方式，有助于增进彼此之间的关系和友谊。同时，夸女性长得漂亮也能够让她感到快乐和满足。

◯ 夸吃饭的姿态

> 示例一：看你吃饭真是一种享受，你的一举一动都透露出一种独特的

第7章 高手必备万能祝酒词

魅力，让人难以忘怀。

示例二：看你吃饭就像欣赏一幅画，那种优雅和品位真是让人赞叹不已。你真是一个懂得享受生活的人。

优雅的吃相是一种良好的餐桌礼仪，能够反映出一个人在饮食上的细致和教养。当你说女性吃相优雅时，你其实是在赞美她注重礼仪、尊重食物的态度。

表达心意

示例一：你的笑容和话语总能让我感到温暖和舒适。能和你一起吃饭，是我一天中最期待的事情。

示例二：我真的觉得自己很幸运，和你一起享受美食的时光是如此愉快，你总能给我带来意想不到的惊喜。

夸女性的点

- 吃饭的姿态
- 表达心意
- 夸漂亮

当我们说和她一起吃饭是幸运的,女性会感受到自己在我们心中的重要性和价值,这有助于增进你们之间的亲密感或友好关系。同时,她会感到受到尊重和珍视,更加愿意与我们一起共度时光,因为她知道我们珍视与她的相处,这有助于促进彼此之间的进一步交流和了解。

除了言语上的赞美外,我们还可以通过一些细节来让佳人感受到我们的用心和关怀。比如,在点菜时主动询问她的口味和喜好;在用餐过程中注意她的需求和感受;在餐后为她递上一杯热茶或一块甜点。这些小小的举动虽然微不足道,但却能让她感受到我们的细心和体贴。

8　欢喜升学宴，怎么说寓意满满

在人生的每一个重要时刻，我们总喜欢用一场盛宴来庆祝，而升学宴无疑是其中最为让人喜悦和期待的盛宴之一。在这场盛宴中，除了亲朋好友的祝福和期待，那一句句情深意切的祝酒词更是让人铭记在心。

○ 中规中矩

> 示例一：今天，我们欢聚一堂，共同庆祝琳琳同学升学的喜悦时刻。我谨代表主人家向大家表示热烈的欢迎和衷心的感谢。愿这杯酒为琳琳同学的美好未来祈愿，祝愿她在新的学府里取得更加耀眼的成绩。
>
> 示例二：今晚我们欢聚一堂，共同庆祝琳琳同学金榜题名，步入更高的学府。在此，我代表琳琳同学及其家人，向各位的到来表示最热烈的欢迎和衷心的感谢。愿这杯酒为琳琳同学的未来学业和人生道路祝福，希望她能够继续砥砺前行，取得更加优异的成绩。

○ 浓情厚谊

> 示例一：感谢大家来参加琳琳的升学宴。琳琳的努力和才华终于得到

了回报，我们都为她感到骄傲。现在，让我们举杯，祝愿琳琳在新的学习环境中再创佳绩，前程似锦！

示例二：大家好！今天是个特别的日子，我们欢聚在这里，为琳琳同学的升学送上祝福。琳琳一直以来都非常努力，这次升学是她辛勤付出的回报。让我们举杯，共同祝愿琳琳在新的学校里能够开心学习，快乐成长！

优雅大方

示例一：今日盛宴，欢聚一堂，共庆学子升学时。愿这杯酒化作清风，吹散前路迷雾，为琳琳的求学之路照亮方向。祝她前程如诗，梦想成真。

示例二：夜色温柔，星光璀璨，今宵我们共庆琳琳升学。愿这杯美酒如诗如歌，为琳琳的未来谱写华丽篇章。愿她在书海中遨游，追寻梦想，成为国家的栋梁之材。

熟人赠言

示例一：大家晚上好！今天我们可不是来喝闷酒的，而是来庆祝琳琳考上好大学的！来来来，这杯酒我先干了，你们随意！不过记得啊，琳琳的未来可是要由我们来见证的，所以你们得好好喝，别到时候忘了这重要的一刻！

示例二：各位亲朋好友，今晚我们可是来喝喜酒的。不过不是结婚喜酒，而是升学喜酒。琳琳同学这次可是"一举高中"，让我们举杯为她庆祝！希望她在大学里继续"高"下去，不过可别忘了我们这些老朋友哦！

9 和新郎新娘碰杯，怎么祝福显真诚

当一对新人即将步入婚姻的殿堂时，他们会向到场的亲朋好友敬酒。作为亲朋好友，我们要怀揣着满满的祝福，为这对新人送上最真挚的祝福。

开门见山

> 示例一：祝二位新婚愉快，百年好合，心心相印，情投意合，白头偕老，早生贵子。
>
> 示例二：祝福你们喜结良缘，缘定三生，恩恩爱爱，天长地久，幸福一生。

幽默风趣

> 示例一：新郎官，你可要记得，新娘子的笑容是你此生最大的宝藏，记得要常拿出来"晒晒"，别让幸福发霉了哟！
>
> 示例二：新娘子，你选择他绝对是最明智的，他可是你永远的"绩优股"。

高手发言

◐ 引经据典

> 示例一：昨日相思秋水穿，今日良缘终成双。你们一路走来颇为不易，愿你们不忘初心，相互扶持，白头偕老。
>
> 示例二：正所谓："千里姻缘情牵引，高山万水难断爱。"有情人终成眷属，祝贺！祝贺！

◐ 情真意切

> 示例一：看着你们站在这里，我仿佛看到了爱情最美好的样子。愿你们在今后的日子里，无论遇到什么困难和挑战，都能像今天这样，手牵手，心连心，共同面对，一起成长。
>
> 示例二：真正的爱情，就在平凡的日子里，希望你们未来的每一天都如今天一般，相互扶持，共同成长。

> 第7章 高手必备万能祝酒词

10 新年聚会，高大上的祝酒词这样说

新的一年到来，我们免不了要参加一些聚会。在聚会上，我们举杯以一番祝酒词庆祝相聚，会给所有人留下深刻的印象。

○ 长辈在场

示例一：今天，我要感谢各位长辈一直以来对我们的关爱和支持。你们是我们成长道路上的坚强后盾，是我们在风雨中前行的力量源泉。是你们教会我们如何做人，如何面对困难和挑战。

示例二：新年之际，恭祝长辈身体健康，笑口常开。岁月虽增，精神更振，愿您岁岁平安如意，年年福禄双全。

示例三：新年伊始，万象更新。感谢长辈过去的关怀与教诲，在此献上最深的敬意与祝福。愿新的一年里，长辈健康长寿，家庭和睦美满，事业蒸蒸日上。

○ 朋友在场

示例一：在这里，我要向在座的每一位朋友致以最诚挚的感谢。正是因为有了你们的陪伴和支持，我才能够勇敢地面对生活中的挑战和困难。你们

是我人生旅途中最宝贵的财富，是我不断前行的动力源泉。

示例二：新年的钟声即将敲响，让我们共同举杯，为这美好的时刻欢呼，为未来的日子祝福。愿我们每一个人都能够在新的一年里实现自己的梦想，收获满满的幸福和快乐。

示例三：岁月悠悠，情谊如初。新年之际，愿你我依旧携手同行，共享世间繁华；祝酒之际，愿我们的友情历久弥新，生活如诗如画。

同事在场

示例一：亲爱的同事们，新年聚餐到，举杯庆团圆。过去一年，我们共同奋斗，风雨同舟；未来的日子，愿我们继续携手前行，共创辉煌。祝大家新年快乐，万事如意！

示例二：欢聚一堂庆新春，举杯同饮贺佳音。过去一年我们并肩作战，未来的日子让我们携手前行。祝各位同事新年快乐，工作顺利，身体健康，家庭和睦，万事胜意！

示例三：亲爱的同事们，新年聚餐之际，愿我们的团队如龙腾飞，事业蒸蒸日上；如龙入海，深邃且广袤。让我们共同迎接新年的挑战和机遇，一起走向更加美好的未来。

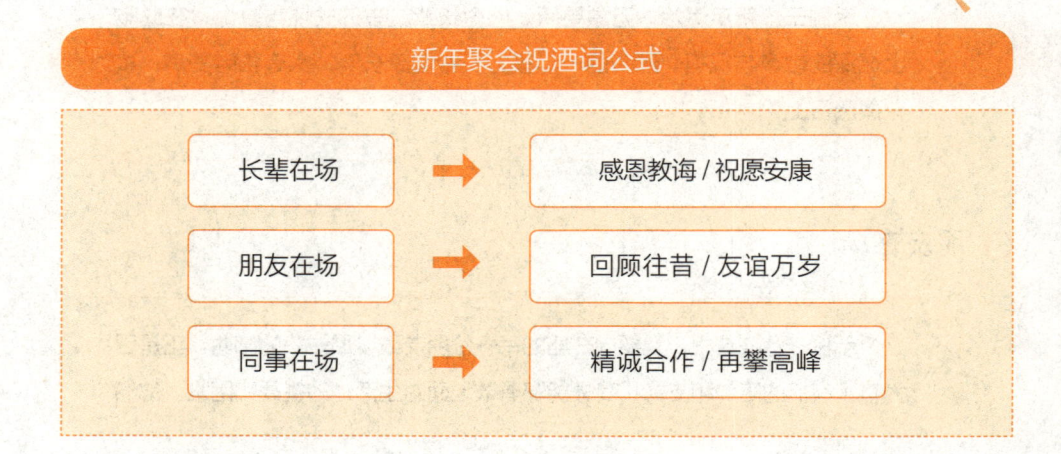

新年聚会祝酒词公式

长辈在场	→	感恩教诲 / 祝愿安康
朋友在场	→	回顾往昔 / 友谊万岁
同事在场	→	精诚合作 / 再攀高峰

> 第 7 章　高手必备万能祝酒词

11 情侣庆祝生日，如何祝酒才能浪漫满分

情侣携手共度生日，不仅是岁月的流转，更是情感的升华。当烛光摇曳，爱意满溢，一段浪漫的祝酒词，往往能为这美好时光增添无限光彩。

○ 深情款款的开场白

> 亲爱的，在这特殊的日子里，让我们举杯共庆。愿你的生日充满无尽的欢笑与温馨，愿我们的爱情如同这美酒，越陈越香，历久弥新。

这样的开场白，既简单又直接，却能够直击人心，让对方感受到你深深的爱意。

○ 细数共度的美好时光

> 记得那年夏天，我们一起去海边看日出。那一刻，我知道我找到了生命中的另一半。今天，我们又迎来了一个新的开始，愿未来的日子里，我们携手共度更多美好时光。

在祝酒词中，不妨回忆一下你们共同度过的美好时光。这样的描述，能

够让对方感受到你们之间深厚的情感基础，也更能触动心弦。

对未来的美好祝愿

> 亲爱的，愿你的每一个明天都比今天更加美好，愿我们的爱情永远如此甜蜜，愿我们携手走过每一个春夏秋冬。

在祝酒词中，对未来的美好祝愿是必不可少的。对另一半的祝愿，既表达了你对未来的美好期待，也传递了你对爱情的坚定信念。

幽默与调皮的点缀

> 亲爱的，虽然你有时候有点笨笨的，但我爱你就是爱你的笨。愿你在新的一岁里，越来越聪明，但也别忘了保持那份可爱。

在祝酒词中，加入一些幽默与调皮的元素，往往能够活跃气氛，让对方更加放松。这样既能让对方感受到你的爱意，又能够让彼此在轻松愉快的氛围中度过生日。

深情收尾

> 亲爱的，愿这杯酒，见证我们永恒的爱情。愿我们的爱情如同这美酒，越品越香，越爱越深。

祝酒词的最后，不妨用一句深情的话来收尾，既表达你对爱情的承诺，也传递你对未来的美好期待。

在情侣庆祝生日时，一段浪漫的祝酒词往往能够成为美好时光的点睛之笔。让我们用心去感受爱情的美好，用真挚的祝酒词去表达我们的爱意吧！

12 闺密、朋友生日，怎么祝酒才能引爆气氛

当闺密或朋友过生日时，我们要倾尽全力，为她打造一个难忘的生日派对。在这样的场合，一段引爆气氛的祝酒词，不仅能将欢乐推向高潮，更能将我们与朋友之间的深厚情谊变得更加坚不可摧。

○ 真挚开场

> 示例一：时光荏苒，又是一年花开时。在这特别的日子里，我们齐聚一堂，为亲爱的闺密庆祝又一个美好的生日。作为她最亲密的朋友，我想用几句真挚的祝酒词，为今天的生日派对增添更多的欢笑和温馨。
>
> 示例二：在这个美妙的夜晚，我们齐聚一堂，共同庆祝我亲爱的闺密小文的生日。时光荏苒，转眼间又是一年。在这个特别的日子里，我想说：生日快乐，我的闺密，愿你的每一个明天都比今天更加灿烂！

○ 凸显情谊

> 示例一：亲爱的小文，你是我生命中的一道光，无论风雨还是晴天，都始终陪伴在我身旁。今天，让我们共同举杯，为你的生日祝福，愿我们

的友谊像这美酒一样，越陈越香，永远不变！

示例二：生日到，福气到，闺密情深似海绕；鲜花送，心意表，美好岁月共欢笑。祝我最亲爱的闺密生日快乐，愿我们的友情如花般绚烂，岁岁常相见。

回忆往昔，笑谈风云

示例一：记得我们曾一起度过的那些日子吗？那些笑中带泪、泪中带笑的瞬间，都成为我们友谊的宝贵财富。今天，让我们为那些美好的回忆干杯，也为未来的日子送上最真挚的祝福！

示例二：记得那年夏天，我们手牵手逛街，挑选着彼此的第一件闺密装；记得那个冬天，我们挤在一张小床上，分享着彼此的心事和梦想。每一个笑容，每一次拥抱，都凝聚成了我们之间无法割舍的情感。今天，在这个特别的日子里，我想对你说：感谢你一直以来的陪伴和支持，你是我生命中最珍贵的存在。

携手前行

示例一：在未来的日子里，愿我们携手共进，无论面对何种挑战和困难，都能勇敢地去面对、去克服。今天，让我们一起举杯，为未来的美好时光干杯！

示例二：生日快乐，我的闺密！愿你的笑容如初阳般温暖，生活如蜜糖般甜美。在新的一岁里，愿我们继续携手走过每一个美好瞬间，分享彼此的喜怒哀乐。干杯，为你的快乐和我们的友谊！

第 **8** 章

精彩的日常即兴发言

1 婚礼现场突然请你送祝福，怎么办

我们在参加婚礼时，经常会遇到主持人邀请嘉宾上台致辞的情况。如果主持人点到我们，我们的致辞一定要别出心裁，切勿只说一些"百年好合，早生贵子"的客套话。

温暖开场

> 亲爱的朋友们，今天我们欢聚一堂，共同见证两位新人携手步入婚姻的殿堂。作为两位新人的朋友，我感到非常欣慰，多年的相守终于开花结果，这是天底下最大的幸事。

这样的开场，既表达了对婚礼的重视，又瞬间营造出温馨浪漫的氛围，让人心生暖意。

赞美新人

> 新娘子，你如同晨曦中的第一缕阳光，温暖而明媚。今天的你，更是美得不可方物。愿你的婚姻生活如你一般，充满爱与希望，每一天都比昨

> 天更加灿烂。
>
> 　　新郎官，看到你眼中的坚定与温柔，我知道，你是那个愿意为她撑起一片天的人。愿你的肩膀永远坚实可靠，成为她最坚强的依靠，携手共度每一个晨曦与黄昏。

简简单单的赞美能够为祝福语增添几分趣味，同时也能显得我们的祝福比较走心。

真诚祝愿

> 　　愿你们的爱情，像经典电影中的浪漫情节，既有激情四射的开场，也有细水长流的陪伴；愿你们的生活，如同精心策划的旅行，每一个站点都充满惊喜与美好。

在祝福语中加入一些创意元素，会让这份祝福更加独特且难忘。

未来寄语

> 　　在未来的日子里，或许会有风雨，但请相信，这些经历会让你们的爱情更加坚固。愿你们相互扶持，共同成长，在人生的旅途中，手牵手，心连心，直到世界的尽头。

这样的祝福，不仅表达了对新人未来的美好祝愿，也传递了面对生活挑战时的勇气与信念。

深情收尾

> 最后，让我们举杯，为这对新人送上最热烈的掌声和最真挚的祝福。愿爱如初见，岁岁年年，情深意长。在这幸福的时刻，愿所有的美好都如约而至，陪伴你们直到永远。

以这样温馨而有力的结语，为整个祝福画上完美的句号，能让这份祝福久久回荡在每个人的心田。

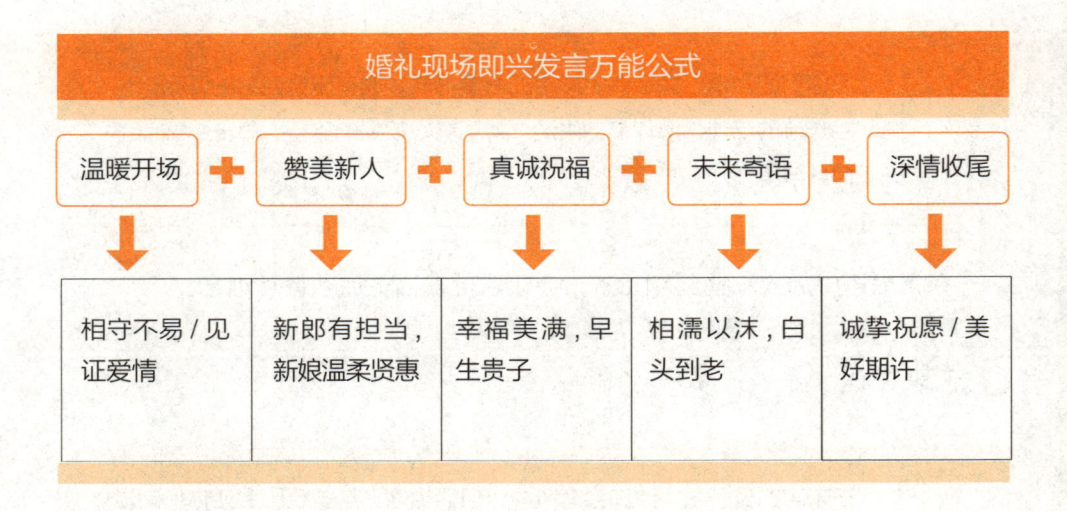

婚礼现场即兴发言万能公式

温暖开场	＋	赞美新人	＋	真诚祝福	＋	未来寄语	＋	深情收尾
相守不易/见证爱情		新郎有担当，新娘温柔贤惠		幸福美满，早生贵子		相濡以沫，白头到老		诚挚祝愿/美好期许

2 请客吃饭的万能开场白

请客做东，不管在哪儿吃、吃什么，千万不要只说"大家吃好喝好，别客气"之类俗套的话。这是一个经营感情，树立个人形象的机会，我们一开场就要把话说得漂亮，如此才能让人印象深刻。

● 宴请朋友或同学，随意、活泼

> 示例一：今天有这样一个聚餐机会，真的十分难得。平时大家工作都很忙，既然今天有缘一聚，那大家就敞开了吃、敞开了喝，千万不要客气。想减肥的同志明天再减！
>
> 示例二：大家照顾了我这么久，这次终于轮到我请客了。当然，最重要的是大家又聚到一块儿，这才是最开心的。既然都是熟人，大家都不要拘束，放开吃、敞开喝。这是我专门为大家准备的特色菜，大家尝一尝，也顺便点评一下。
>
> 示例三：昨天晚上，我左眼皮就一直跳个不停，原来喜事在这里。我们哥儿几个有大半年没见了吧？上次喝酒还是××的时候，今天终于又聚在了一起，真是天大的喜事。我提前把丑话说在前头，今天不喝醉谁都不准走。

朋友、同学之间相处多年，大家的脾气秉性都知根知底，开场白要亲切一点、随意一点、幽默一点，如此才更容易点燃聚会的气氛，拉近彼此之间的距离。

宴请亲戚或长辈，亲近又不失礼节

> 示例一：今天没有外人，都是自家人。平时工作太忙了，很少能够坐在一起吃团圆饭，今天大家就好好唠唠家常，吃饱喝足。
>
> 示例二：咱们一家人不说两家话，大家要吃好喝好，菜不要少吃，酒可以少喝。都是自家人，要吃得开心、喝得愉快。
>
> 示例三：今天真高兴，可以和各位叔伯一起吃饭喝酒。早就想请大家吃顿饭了，可惜一年到头都在外面，一直没有时间。今天总算有了这个机会，大家一定要吃好喝好。来，我先敬各位长辈一杯。
>
> 示例四：咱们都是一家人，血脉相连，平时工作都忙，今天好不容易聚在一起，我也不说那些客套话了。大家吃好喝好，开开心心最重要，以后多聚，多相互帮助，祝愿长辈们长命百岁，笑口常开；祝愿职场精英们升官发财，红红火火；祝愿晚辈们开心快乐，学习成绩步步高升。

亲戚和长辈与我们有着血缘亲情，宴请的场合相对比较正式，但我们的开场白不需要太正式，也不能太随意，要保证亲近又不失礼节。

宴请同事或领导，感谢为主

> 示例一：一转眼，我到咱们公司也有一年半的时间了。在这一年半当中，无论是思维认知还是工作能力，我都得到了很大提升，而这其实都离不开领导和同事的帮助和支持。其实我一直都想感谢一下大家，但都一直忙着工作，今天难得有这次机会，希望接下来能跟大家继续努力，创造更

好的业绩。

示例二：今天我很荣幸也很感动，领导能抽空赏光来我这儿小聚。这些年，领导一直照顾和提携我，我早想找个机会表示感谢了。以后，无论公事私事，但凡有用得着我的地方，您只管吩咐。这杯酒我干了，您随意。

示例三：今天很荣幸能请到大家一起吃饭，非常感谢大家在工作中对我的帮助。希望大家吃得开心，工作上也能继续相互支持，共创美好未来。

同事和领导是除了亲人和朋友之外，我们接触最多的人。我们在宴请他们时，开场白以感谢为主，比如感谢同事的帮助，感谢领导的栽培。

宴请下属，多多鼓励

示例一：今天，我们不仅仅是为了吃饭而来，更是为了加深彼此的了解，增进团队的凝聚力。在这里，没有上下级之分，只有朋友间的欢声笑语。希望大家能够放松心情，享受这难得的相聚时光。

示例二：同事们，大家辛苦了。在过去的一年里，大家的努力都是有目共睹的。我在这里代表公司对大家说一句，感谢你们为公司做出的贡献。今天请大家吃饭，不是开公司例会，大家都不要拘谨，我们喝他个一醉方休。

示例三：今天在这里就没有什么领导、长辈的说法了，难得的休息时间，大家都放轻松些，都放开了玩儿，吃好喝好最重要。另外，由于时间比较紧，在准备的过程中很多地方都没做好，大家也多多见谅！

下属和领导在一起吃饭，难免会有些拘谨，因此，我们的开场白要以理解和鼓励为主，尽量营造一种轻松愉快的氛围。

高手发言

宴请客户，感谢加祝福

> 感谢李总大驾光临！我们的业务能顺利开展，离不开您的关照和支持，我心里真是非常感激！这一杯我先干为敬，祝我们今后合作愉快，也祝李总您步步高升！
>
> 感谢莅临，平时都是聊工作上的事，今天就不把工作带到酒桌上了，玩得开心，不要拘束，下次合作也会更愉快。

在商务酒局中，我们的开场白可以以感谢加祝福为核心，也可以单纯地联络感情，加深关系，最主要的是要落落大方，不要怯场。

3 父母寿宴上，这样说感动全场

在父母寿宴上，我们作为子女肯定会发言，但"祝父母身体安康""大家吃好喝好"之类的话既不走心又不得体。我们若想要发言出彩，不妨从感恩、回顾、致谢几个方面入手，充分表达自己的心意。

○ 感恩

> 在这个特殊的日子里，我要向父母表达我最深的感激之情。感谢你们给予我生命，让我有机会体验这五彩斑斓的世界；感谢你们无私的付出和奉献，让我感受到了家的温暖和幸福；感谢你们教会我如何面对困难和挑战，让我在人生的道路上更加坚定和自信。

感恩必不可少，它是我们为人子女应秉持的孝道，我们需要用内心真挚的感情来表达自己对父母的感谢。

○ 回顾

> 父母的爱，如同大海般深沉而广阔。他们的每一句话、每一个动作，

> 都蕴含着深深的爱意。在我们年少轻狂时，他们包容我们的任性和无知；在我们迷茫彷徨时，他们给予我们坚定的支持和鼓励。他们用自己的方式，默默地为我们付出着一切。记得小时候……

我们可以通过回顾家庭的历史，特别是父母非凡的人生经历和教育后辈秉承家风的重要性，来表达对父母的感恩和敬意。我们还要强调父母是全家人幸福的源泉，没有他们就没有今天的我们。

○ 祝福

> 在这个喜庆的日子里，我想对父母说：你们辛苦了！愿你们晚年生活幸福美满，身体健康长寿。我们会一如既往地孝顺你们、关爱你们，让你们享受天伦之乐。同时，我也希望在座的各位亲朋好友，能够共同见证我们一家的幸福和快乐，让我们共同为父母的健康和幸福祈祷。

既是寿辰，自然少不了真挚的祝福，我们可以从健康、快乐、幸福等方面切入，同时点明自己作为子女的责任。

○ 感谢来宾

> 此外，我还要感谢在座的每一位亲朋好友。是你们的陪伴和支持，让我们一家人更加团结和幸福。愿我们的亲情和友情长存，愿大家的生活更加美好。

在寿宴的最后，不要忘记感谢所有到场祝贺的亲朋好友。他们的支持和祝福使得这个特别的日子更加美好和难忘。

通过这样的讲话，我们不仅能够感动全场，还能够加深与父母的情感联系，同时也让在场的每一个人都感受到我们的家庭的温暖和幸福。

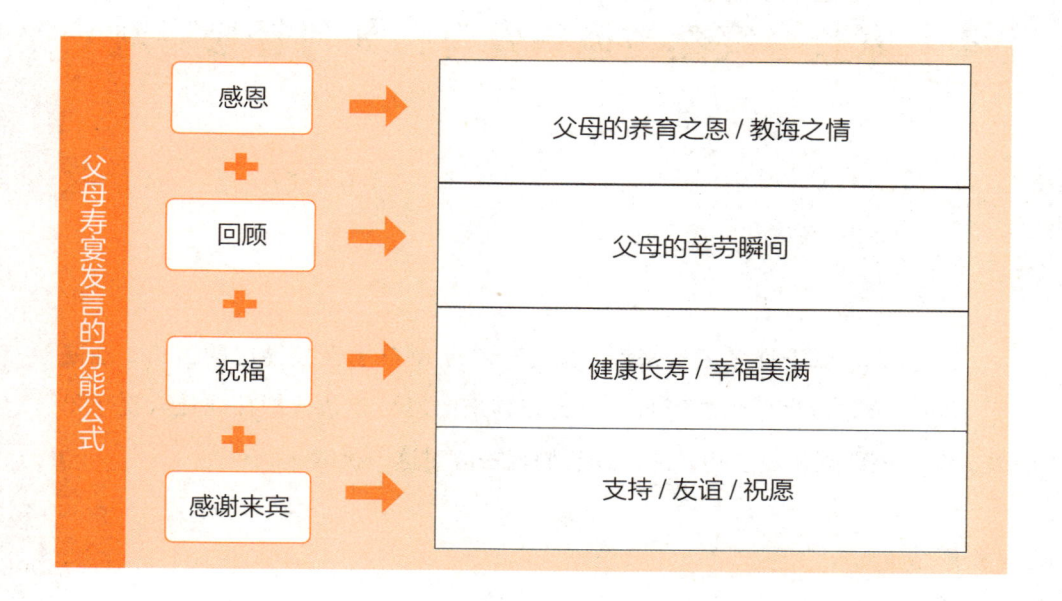

父母寿宴发言的万能公式		
感恩	→	父母的养育之恩 / 教诲之情
+		
回顾	→	父母的辛劳瞬间
+		
祝福	→	健康长寿 / 幸福美满
+		
感谢来宾	→	支持 / 友谊 / 祝愿

> 高手发言

4 家长会突然被邀请发言，如何轻松应对

家长会，对于许多家长来说，既是一个了解孩子在校情况的窗口，也是一个展示家庭教育理念的舞台。但突如其来的发言邀请，却往往让人措手不及。学一些即兴发言技巧，能帮助我们轻松应对这一挑战。

◯ 感谢

> 尊敬的老师、亲爱的家长们，大家好！我非常荣幸能够站在这里，与大家分享我的一些想法和感受。首先，我要向学校和所有的老师表达我最深切的感谢。因为有你们辛勤的付出和无私的奉献，孩子们才能够在这所学府里茁壮成长，取得优异的成绩，得到全面发展。作为家长，我深感欣慰和自豪。

致谢词必不可少，代表了我们对老师的尊敬以及为人父母应有的礼仪。

◯ 观点

> 养育孩子是一项崇高的使命。学校作为知识的灯塔，照亮孩子们前行

> 的道路，而家则是他们永远的港湾，给予他们温暖与庇护。为孩子打造一个乐观向上的成长环境，这并非学校单方面能够完成的任务。家长在其中扮演着至关重要且不可替代的角色。我们需要共同认识到，家庭教育与学校教育是相互补充、相辅相成的。作为家长，我们应该成为孩子成长道路上的坚实后盾，给予他们更多的鼓励与支持，而不是过多的批评与指责。鼓励能够激发孩子的自信心和积极性，帮助他们树立正确的人生观和价值观。

可以谈一谈学校和家庭对孩子的重要性，以此切入，让话题更有内涵。

携手成长

> 孩子们在学校中所展现出的精神面貌和优异成绩，正是老师们辛勤教诲的生动反映。老师们不仅传授了宝贵的知识，更在言传身教中教会了孩子们如何成为一个有品德、有智慧、有担当的人。孩子是我们的一面镜子，他们的每一次成长和进步，都映照出我们作为家长和教育者的责任与担当。孩子的成长过程，也是我们不断学习和进步的过程。我们需要与孩子共同前进，一同面对挑战，一同分享喜悦。

与孩子共同成长是每一位家长都必须做的事情，我们可以以此强调父母陪伴的作用。

展望

> 再次向学校和所有辛勤付出的老师表达我最深切的感激之情。我深知，每一位老师都在用爱心和专业知识为孩子们的成长付出着努力。作为

家长，我和其他家长一样，将坚定地支持学校的每一项决策和活动，与学校携手共进，为孩子们的成长创造更好的条件。

最后，以展望未来收尾，期待在学校和家长的共同努力下，孩子能拥有更美好的明天。

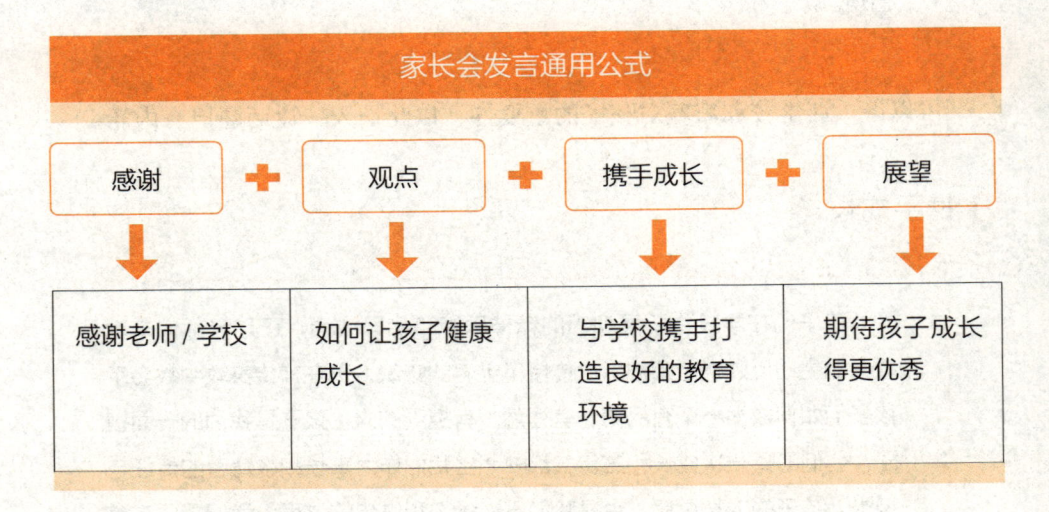

家长会发言通用公式

感谢 ➕	观点 ➕	携手成长 ➕	展望
感谢老师/学校	如何让孩子健康成长	与学校携手打造良好的教育环境	期待孩子成长得更优秀

第9章

高情商接领导的话

1. 领导让你买18元的早餐，转给你20元，怎么回合适

在职场中，领导偶尔会让我们帮他买一些东西，并将钱转给我们。当领导需要的东西价格不高时，有些人会拒绝老板的转账，但是高情商的人往往都会选择收下。

情景故事

早上上班的路上，丽丽收到了领导的消息。领导让她帮自己带一份早餐，并转给了她20块钱。丽丽买了一份18块钱的早餐，回复领导说："花了18块钱，您给多了，剩下的我转给您。"说完又将多出来的2块钱转给了领导。

同事得知这件事后，摇头说道："你怎么还能退回去2块呢？情商太低了。"

丽丽回答说："本来我是不想要的，可领导坚持给，可是这么一件小事也不能占领导便宜啊。"

很多人都会因此感到困惑：如果选择收钱，很可能会让老板感觉自己过于计较，或者给人一种不够大方的感觉；如果选择不收钱，一旦老板频繁要求

自己带饭或其他小物品，长期下来可能会造成经济损失。为了显得自己慷慨或体贴，他们往往都会选择不收钱。但是，如果老板误解了员工的意图，认为员工不收钱是看不起他或出于其他原因，那又可能会引发不必要的误会。

○ 收钱 + 嘴甜

收钱 + 嘴甜

早餐钱记得收一下。

李总啊，您太客气了，这是随手的事儿，本来不应该收的，但是怕您下次有事不找我了，那么我就恭敬不如从命了。

一句高情商的回复既保全了领导的面子，又不至于让领导过于尴尬，还完美解决了问题，一举三得。

2 领导说"盛这么多，喂猪呢"，别忙着认错

有些领导比较刻薄，他们习惯用言语来刁难、羞辱下属，尤其是在下属不小心犯错的时候。如果在一些比较重要的场合，我们就需要懂得化解尴尬，以免让场面变得更加难堪。

> **情景故事**
>
> 在公司年会上，和平帮领导盛饭，等端到桌子上，领导脸色一沉，说道："盛这么多，你当是喂猪呢！"此话一出，场面变得非常尴尬。
>
> 和平满脸堆笑，解释说："哎呀，是我疏忽了。我一直在回味领导刚才说的话，把脑子忘在饭桌上了，没注意手上。您多多包涵。"

和平面对领导突如其来的刁难，以奉承加幽默的方式化解了尴尬的气氛。这样既保住了自己的尊严又给足了领导面子。

〇 不要顶嘴

> 示例一：你说的这是人话？
> 示例二：我告诉你，我是来工作的，不是来受气的。

职场中最忌讳的就是一时冲动，没有一份工作是不委屈的，我们的工资里，本来就有一部分是支付给我们的"委屈费"。领导大题小做、不修口德，这是他们的德行问题，我们不要轻易用别人的错误惩罚自己。可是话又说回来，如果我们需要这份工作，就要配合他演好这场戏。

〇 高情商回复

> 示例一：都说宰相肚里能撑船，但您的肚子，我估摸着，装下几艘航母都不在话下！这点饭对您来说，又算得了什么呢？
> 示例二：非常抱歉，领导。我注意到您近期工作特别辛苦，因此想让您多吃一点。我一时疏忽给您盛的饭有些多了，还请您不要介意。

当领导故意在言语上刁难我们，我们在回复中要给足领导面子，这样领导基本上就不会再揪着我们的错误不放，也有利于缓解尴尬的气氛。暴怒反驳会激化冲突，沉默不语会让领导不依不饶，无论如何话一定要说，唯有高情商回复方能解此危局。

> 高手发言

3 领导跟你说"辛苦了",教你教科书级的回复

在职场中,领导经常会对下属说"辛苦了"三个字。面对领导突如其来的关心,低情商的人往往会随口回应"没事""不辛苦""这本来就是我的工作"之类的话,完全无视领导的一片心意。而真正的高手则不会让领导的关心落空。

> **情景故事**
>
> 公司新产品即将上线,小何每天都忙到深夜,有时候还会住在公司。领导见状对小何说:"辛苦了,你要多注意休息啊。"
>
> 小何回答说:"谢谢领导的关心。能干是福气,今天上午最艰难的工作已经完成,咱们的产品一定会按时上线。能够参与到这个项目里是我的荣幸,再辛苦也是值得的。您每天都陪我们加班到深夜,我作为一线员工,看在眼中,感动在心中。您放心,我会协调好时间,全力以赴完成剩下的工作。"

小何的回答属于教科书级别的回复,采用了"感谢+感恩+吹捧+表态"

的方式，既没有让领导的关心落空，又汇报了工作进度，还适时拍了领导马屁，表了决心。这种方式会让领导十分受用。

当然，我们在话领导的关心时，不必如此刻板，须因人而异、因事而异，保证自己的每一句话都恰到好处。

当高层领导来视察或与领导在走廊、电梯、茶水间偶遇时，他们口中的"辛苦了"是出于礼貌和习惯而说的客套话。我们可以回复说："谢谢领导的关心！"或"谢谢，这是我应该做的。"

当我们帮了领导一个小忙，领导口中的"辛苦了"同样是客套话。我们可以回复说："谢谢领导，那您先忙，有事吩咐我就行。"

面对客套话"辛苦了"，回复时一定要简短且以感谢为主，切忌长篇大论，以免显得虚假，招致领导的反感。

我们顺利地完成了某项艰难的工作，或者取得了很好的成绩，令领导十分满意。此时，领导口中的"辛苦了"就是对我们的表扬和肯定。我们可以这样回复：

强调自身感悟

> 示例一：谢谢领导的关心，这段时间虽然辛苦一些，但也让我学到了不少东西。我感觉自己成长了不少，辛苦一点也是值得的。
>
> 示例二：谢谢领导关心，跟着您我学到了很多东西，这点辛苦不算什么。有做得不好的地方，还请您多多指教。

强调领导作用或赞美领导

> 示例一：谢谢领导的关心，有您这么体恤下属的领导，还有一群积极

配合的同事,再辛苦心里也是甜的。

示例二:谢谢领导,正因为有您的指点,我们才能取得这样的成绩。

强调团队作用

示例一:谢谢领导的关心和认可,这个项目的成功离不开整个团队的共同努力。尤其是小李,这几天都没怎么休息,出了很大力。

示例二:谢谢领导关心,这段时间大家都挺辛苦的。为了完成这个项目,大家都付出了很多。但只要最后工作完成得漂亮,我们的辛苦就都是值得的。

如果我们和领导很熟悉,关系比较好时,可以这样回复:"领导,有您这句话,我就是再累点都值得,不过您得抽时间犒劳犒劳我们这帮兄弟。"以幽默加玩笑的方式进行回复,既轻松又能拉近与领导的关系。

当我们的工作效果不佳,未能达到领导的预期时,我们要注意辨别领导的态度,对自己的工作有一个预判和评估。如果我们的工作没做好,就不能将"辛苦了"视作关心,而要视作宽容和理解。

我们在回复时可以这样说:"这次时间比较紧,工作上有些疏忽,谢谢领导的理解和包容,以后我会继续努力。""感谢领导的宽容,请您放心,我会继续努力,争取下次做得更好。"以积极的态度加对未来的期许作为回复,能减少领导的不满和不悦。

4 当领导安排工作时，别只会说"收到"

在工作中，领导经常会给我们安排各种任务。我们在接到领导的通知时，得体且专业的回复，能加深领导对我们的信任和好感。切不可只简单地回复"收到"二字，以免显得回复过于敷衍。

○ 会议通知

> 领导："下午3点，部门将在会议室召开项目进度汇报会议，请诸位同事准时参加。"
> 员工："收到！我会准时参加会议，并做好相关的准备工作。"

这种回复方式不仅表明我们已经收到了通知，还展现了自己对会议的重视和对工作的负责态度，会给领导留下一种可靠、专业的印象。

○ 简单任务

> 领导："小李，将这份文件打印出来，下午我要用。"

> 小李："收到！今天下午上班之前我会将文件送到您的办公室。如果您有其他的指示，请随时告诉我。"

针对简单的任务，我们要展示出自己对任务的积极态度和行动力，给领导一个明确的结果。

复杂任务

> 领导："我们要在一个月内完成新产品的市场推广方案，你来负责这个项目！"
>
> 员工："收到！为确保项目的顺利推进，我将迅速组建一个高效的项目团队，涵盖市场调研、竞争对手分析、目标客户定位、推广渠道选择以及营销活动策划等各个关键环节。本周内，我将完成详细的项目计划，并在后续工作中，每周定期向您汇报项目的进度和取得的成果。如果在项目执行过程中遇到任何挑战或难题，我会及时与您沟通，并寻求您的指导和支持。"

针对复杂任务，我们要给出具体的行动计划和反馈机制，以表明自己有能力，也有信心完成领导交代的任务。

问计求策

> 领导："这个月的产品销售额下降得很厉害，你对此有什么想法？"
>
> 员工："我建议立即对产品销售额下降的原因进行分析，并实施三项策略以提高销售额。第一，优化产品推广策略。第二，加强客户关系管理。第三，提高产品质量和服务水平。下午2点之前我会给您一份详细的分析

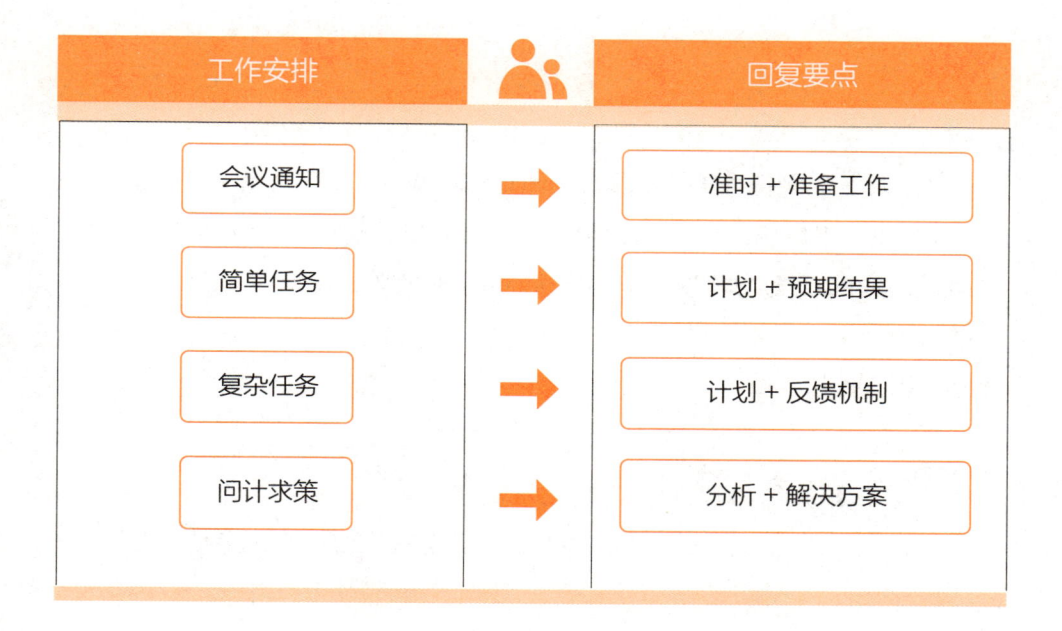

报告。"

当领导针对某件事询问我们的看法时，我们在回复时要给出具体的分析以及解决方案，让领导评判，并说明方案完成的时间。

工作安排		回复要点
会议通知	→	准时 + 准备工作
简单任务	→	计划 + 预期结果
复杂任务	→	计划 + 反馈机制
问计求策	→	分析 + 解决方案

> 高手发言

5 电梯里偶遇领导，聊点什么不尴尬

很多人在电梯偶遇领导时总是不知道该说些什么，只好保持沉默，可沉默会使气氛变得尴尬。真正的聪明人在遇到这种情况时，非但不会躲着领导，反而会主动开口与领导攀谈，争取给领导留下好的印象。

○ 主动打招呼

> 示例一：李经理，早上好！
> 示例二：王总好，我是研发部李经理手下设备组的工程师，我叫张力。

与领导相遇时，我们需要主动打招呼，以示对领导的尊敬。如果我们与领导相熟，打招呼时就用"敬称+问候"。如果领导的级别很高，不认识我们，我们打招呼时就用"敬称+问候+自我介绍"。在自我介绍时，我们可以提及一些对方熟知的人或部门，以免对方不知道我们究竟是做什么的。

○ 以工作为话题

> 示例一：李总，您去内蒙古的行程已经安排好了，下午1点45分的

> 机票，大约 3 点 5 分抵达白塔国际机场。我已经安排了两地的同事进行接送。
>
> 示例二：最近这一批新人素质很高，昨天研发部的李经理和我说，他已经想给手下的两个新人提前转正了。

乘坐电梯的时间太短，不适合汇报工作，而且有些领导也不喜欢在电梯里谈论工作。因此，如果我们想要以工作为话题，可以简单地汇报一些事务性工作，用短短几句话将一件事说清楚。

关心领导的身体

> 示例一：您最近工作太辛苦了，每天都加班到很晚，希望您注意身体。如果平时有我能帮得上忙的地方，您尽管吩咐。
>
> 示例二：领导，您这段时间工作很忙，一定要多注意身体，不要太操心。有我们在呢，一定不会出问题的。

巧妙地关注并询问领导的身体状况，不仅体现了我们对领导的关心，更展示了我们的细心与周到。这在职场中无疑会成为我们的一个亮点。

谈论时事热门话题

> 示例一：听说××公司推出了一款颠覆性的产品，引起了广泛的关注，您对此有什么看法？
>
> 示例二：最近咱们行业的龙头企业股票大跌，您说会不会和新出台的政策有关？

巧妙地引入时事热门话题，不仅能让领导觉得你思维活跃和关注时事，还能展现出你对于行业的洞察力和对于社会问题的思考能力。

电梯礼仪

为对方按住开门按钮

为对方按下楼层按钮

为对方延迟电梯关门

请对方先出电梯

自己先下电梯时，转身与对方告别，直到电梯门关上

6 领导突然让你提一杯讲两句，学会这4个万能公式

在职场中，酒桌应酬无疑是一种重要的社交方式。而当领导在酒桌上点名让我们提一杯时，这既是一个展现个人魅力的机会，也是一件需要谨慎应对的事情。

◯ 自我介绍 + 感谢 + 回顾过去 + 祝愿未来

> 我是工程部的小王，很高兴领导给我这个机会，更感谢诸位领导的一路支持，让我从一名行业小白成长为如今的模样。今后我会继续努力，也祝愿我们公司的未来更加辉煌灿烂，大家的事业蒸蒸日上。

这样的表述既能表达感谢，又能展示团队精神和对公司未来的美好祝愿，很容易引起在场人员的共鸣。

◯ 称呼 + 赞美过去 + 祝愿未来

> 王老板，您在这个行业取得的成就，让我们非常钦佩。您白手起家的奋斗历史，让我们深受鼓舞，祝愿您未来发展得越来越好。

当酒桌上有诸多前辈时，可以适时地赞美他们的领导才能、人格魅力以及为公司做出的贡献，但话语中要有敬佩之心，不要阿谀奉承。

◯ 自谦 + 突出团队 + 赞美同事

> 这一次的项目能取得这般成绩，不是我一个人的功劳，离不开整个团队的精诚合作，离不开每一位同事对我的支持和帮助，衷心感谢诸位同事。

在庆功宴上，我们要表现得不居功，突出团队的作用。这样既能够与同事建立良好的关系，又能给领导留下好的印象。

◯ 感谢 + 情绪 + 自我介绍 + 自谦

> 感谢诸位的到来，今天能认识这么多前辈，我真的倍感荣幸。我是工程部的小王，负责售后服务，希望以后大家多多关照。

当酒桌上有陌生人时，我们作为主人要欢迎对方的到来，让对方感受到我们的尊重和认可。

7 领导说"批评你别往心里去",别说"没关系"

大多数人都经历过被领导当众批评的尴尬时刻,而有时候领导会在事后就"批评"一事安慰我们,此时我们的回复将决定能否与领导建立良好的关系。

情景故事

开公司会议时,小涛由于拿错了文件,遭到了领导一顿劈头盖脸的臭骂。会议结束后,领导找到小涛,语重心长地说道:"刚才话说得有点重,你别往心里去。"

小涛憋了一肚子委屈,勉强笑着回答说:"没事。"

领导见状,只好悻悻地离开了。

领导事后的宽慰主要是为了与我们缓和关系。关于批评,要么是错误的责任不在我们,但责任必须由我们来负;要么是一些微不足道的错误,领导的批评过于严厉,以便杀鸡儆猴。而领导的宽慰是在暗示我们,他并没有对我们失望,希望我们能够理解他的苦衷。

此刻,如果我们回复"没事""没关系",就等于辜负了领导的好意。而且，简短的回复在这种情况下，显得怨气很重，很容易让领导误认为我们不接受他的善意，也没有认真对待他的批评。因此，我们在回复时要接受领导的善意，给足领导面子。

积极回应

> 谢谢领导的关心，我已经意识到自己在这些小事上不够细致。我会尽快调整状态，努力改进，争取不让类似的问题发生。同时，也感谢您的指点，我会继续努力，不辜负您的期望。

这种回复不卑不亢，既给了领导台阶下，又保住了自己的尊严，会让领导觉得我们是个懂事的员工，值得培养。

反捧领导

> 领导，跟了您这么久，我们都知道您是一个刀子嘴、豆腐心的人，冲我们发火也是为了我们好。您不用担心我会对您心生怨气，我明白您的苦心。

这种回复既表达了我们对领导的理解，又悄无声息地夸了领导一番，再加上言辞真挚，很容易讨得领导欢心，既消除了误会，又增进了感情。

在职场中，在合适的时候说合适的话，这种能力往往比单纯的业务能力要更受重视，也更容易获得领导的青睐。

8 领导问你"××怎么样",怎么评价不得罪人

在职场中,我们偶尔会被领导询问自己对某位同事的看法。这种问话看似平常,实则暗藏玄机。因此,我们在回答时必须格外谨慎,避免在不经意间得罪同事,给自己带来不必要的麻烦。

> **情景故事**
>
> 大强在办公室给领导汇报工作,汇报结束后,领导突然留下了他,问道:"没别的事,你觉得冰冰这个人怎么样?"
>
> 大强与冰冰关系一直很差,见领导询问,连忙大吐苦水:"领导,不是我在背后说别人闲话,他特别会偷懒,工作能力不怎么样,还特别喜欢装,每次都让别人以为项目是他一个人完成的,所有人都讨厌他。"
>
> 领导听后并没有多说什么,只是简单安慰了大强几句。可这些话竟然传到了冰冰的耳朵里,两人为此大吵一架,而大强也因爱"打小报告"受到了同事们的排挤。

大强的错误在于对同事妄加评论，随意贬低他人，这种贬低很容易让领导认为他是在徇私报复、心胸狭隘，很容易给领导留下不好的印象。最关键的是，这些"坏话"一旦流传出去，势必会得罪当事人，影响双方之间的关系。

在面对领导的提问时，我们要尽量避开单一的"好"与"坏"的结论，给出客观的事实，让领导自己判断。同时，在提及对方的缺点时，一定要尽量委婉一些。

○ 不熟悉的同事

> 示例一：我和他平时接触得不多，不太了解他。不过看他平时和同事们相处，像是一个比较温和的人。
>
> 示例二：我和他不太熟，但他平时见到我都会打招呼，是个很有礼貌的小伙子。

如果领导问及的对象是我们完全不熟悉的人，我们在回复时要第一时间表示"不熟悉"，暗示自己的评价不够客观，然后说一些自己日常看到的对方在性格上的优点。

○ 关系比较好的同事

> 我和他挺熟的，我觉得他是一个很有计划的人，做事井井有条，而且还能想到一些新方法来解决问题。上次北京的那个项目获得了客户的一致好评，可以说都是他的功劳。私下里他是一个特别开朗的人，别人开一些玩笑他也不生气。

如果领导问及的对象是与我们关系比较好的人，我们在回复时就可以在工作和生活两个方面列举一些事例，不必吝啬夸赞。

◯ 关系一般的同事

> 示例一：我和他私下没有什么深交，但在工作上经常接触。他办事挺靠谱的，每件事办得有首有尾。上次那个甲方百般刁难，他仍然很有耐心地处理好了，甲方最后也很满意。
>
> 示例二：我和这位同事在上海的大项目中有过合作，他在那个项目中展现出了较强的专业能力和对细节的关注。虽然我们之间的交流可能不算特别频繁，但他的工作表现给我的印象还是比较深刻的。

如果领导问及的对象与我们关系一般，那我们可以以一种更为中立且以工作为中心的方式进行回答。我们可以从工作中的互动或共同经历过的某一件事情为出发点，给出简单而客观的评价，但不要过多地去评判好或坏。

◯ 关系比较差的同事

> 示例一：在与他合作的过程中，我发现他在某些方面表现出色，比如他对工作非常认真，经常能提出一些有创意的想法。然而，我也注意到在某些情况下，他的沟通方式可能有些直接，有时会导致一些误会。
>
> 示例二：他非常专注和细致，经常能够发现工作中的小问题并提前解决。然而，我注意到在某些情况下，他可能过于关注细节，导致工作在整体进度上有些滞后。我认为如果我们能够加强在团队协作和优先级设定方面的沟通，将有助于我们更好地完成任务。

当领导询问我们对关系比较差的同事的看法时，非常重要的一点是先夸赞对方的优点，然后在此基础上提出自己的观点或建议。这样做可以避免给人留下心胸狭隘的印象，同时展现出自己的客观和公正。

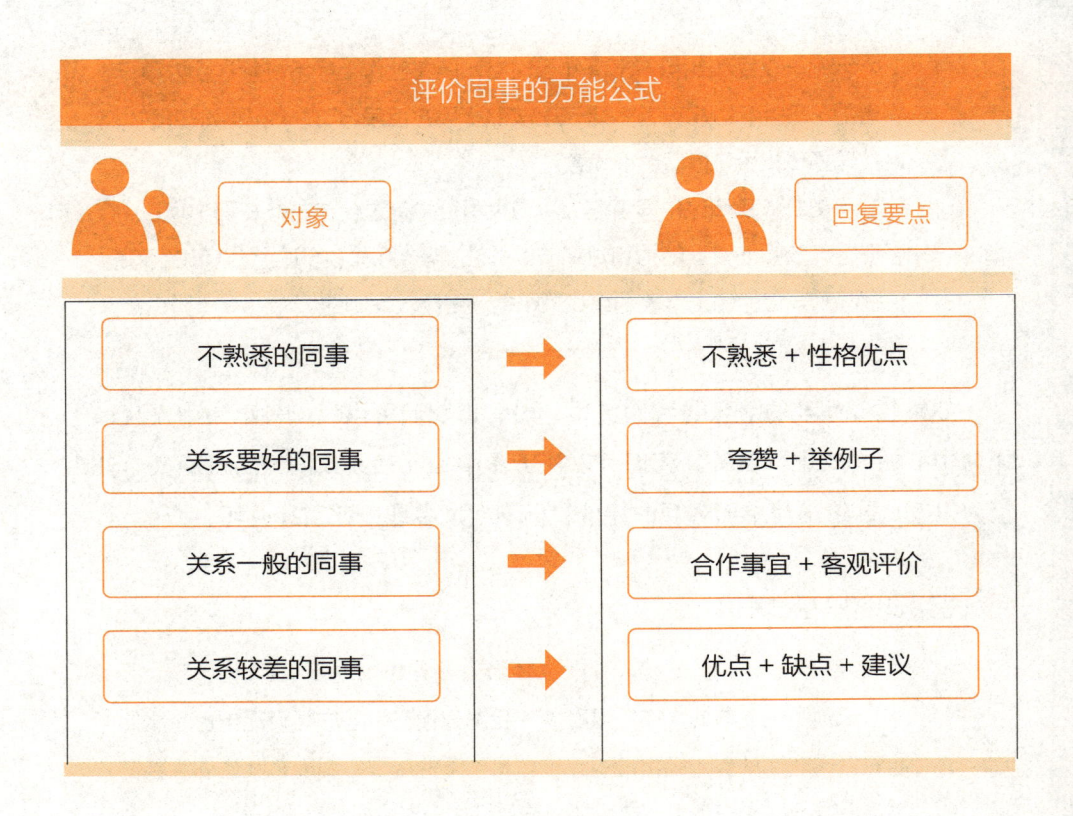

评价同事的万能公式	
对象	回复要点
不熟悉的同事	不熟悉 + 性格优点
关系要好的同事	夸赞 + 举例子
关系一般的同事	合作事宜 + 客观评价
关系较差的同事	优点 + 缺点 + 建议

9 领导问你忙不忙，聪明的下属这样答

我们在上班时，领导突然发来消息，询问我们"忙不忙"，一般人往往会据实回答"忙"或者"不忙"。但是，这种直接的回复很容易让我们陷入尴尬的境地。而真正的聪明人懂得避实就虚，给出更深入的答案。

"忙不忙"的陷阱

当我们简单地回答"忙"时，会让老板产生一些误解。

1. 简单的"忙"字可能会被老板解读为我们不愿意承担新的责任或任务。这可能会让老板觉得我们缺乏进取心或对公司的贡献意愿不足。

2. 如果老板经常听到我们以"忙"为理由回避工作，他可能会认为我们在逃避责任或挑战。这种印象不利于我们在职场上的发展。

3. 老板可能会认为我们总是很忙但并未完成太多工作，那么我们的工作效率可能存在问题。他可能会质疑我们的工作方法或时间管理能力。

4. 频繁地表示"忙"可能会让老板觉得我们对工作的态度不够积极或乐观。他可能会认为，一个总是抱怨忙碌的员工可能会让团队氛围变得紧张或消极。

当我们简单地回答"不忙"时，会给老板留下一些负面的印象。

1. 老板可能会认为，如果我们总是表示"不忙"，那么我们可能对工作缺

乏热情或动力，不够积极主动。这种印象可能会让老板质疑我们的工作态度和职业精神。

2. 如果公司正处于忙碌期，而我们却表示"不忙"，老板可能会认为我们当前的工作量不饱和，没有充分利用时间或资源。这可能会让老板考虑是否需要调整我们的工作内容或重新分配工作任务。

3. 长期表现出"不忙"的状态，可能会让老板认为我们缺乏进取心，不追求个人成长和职业发展。这样的员工可能难以获得晋升或承担更重要的职责。

4. 仅仅因为回答"不忙"不会因此面临被解雇的风险，但持续表现出消极的工作态度或无法胜任当前工作，确实可能让老板考虑是否需要寻找更适合这个职位的人选。

"忙不忙"的回复陷阱

忙	不忙
1. 怕担责任	1. 缺乏工作热情
2. 回避工作	2. 工作量不饱和
3. 效率低下	3. 缺乏上进心
4. 能力不足	4. 态度消极

避实就虚

> 非常感谢您的关心。我最近正在策划新的活动,目前数据分析工作已经完成。接下来,我将根据老顾客的反馈来决定活动的主要风格和价格。目前,一切都在按计划进行,进展顺利。为了确保活动的正常启动,我预计这个任务可以在两天内完成。

当我们真的很忙时,我们需要将领导口中的"忙不忙"视为关心,然后将自己最近做的工作,做一个简单的汇报,让领导了解我们在做什么及什么时候结束。

直接展示态度

> 示例一:领导,请您指示!
> 示例二:我马上过去。

不要直接回答领导自己忙不忙,而是直接展示态度,这样无论我们是不是真的很忙,事后也能给出合理的解释。毕竟,我们回复的初衷是为领导分忧。

第10章

机智应对社交尴尬

1 女生问"你为什么加我",这样回才能俘获芳心

当我们加了女生的联系方式,女生问我们为什么加她时,我们直接回答"喜欢她"会显得轻浮,回答"想要认识一下"又显得不够坦诚,只有回复得当,才能俘获对方的芳心。

坦诚相待

> 示例一:之前参加朋友婚礼的时候,你是伴娘,我在人群中一眼就看到了你,自此以后就再也忘不了,所以我拜托我朋友找到了你的联系方式。我也知道这样可能会很唐突,但我害怕自己不努力一下子就永远没有机会了。你愿意给我一个机会,让我们认识一下吗?
>
> 示例二:其实,刚刚你在那边咖啡店的时候我就注意到你了,当时就觉得你很特别,没想到在这儿又碰到你了。感觉咱们俩很有缘分,我就鼓足勇气来加你了。

我们费尽心思获得女生的联系方式,并与对方取得联系后,对方对我们的目的心知肚明。此时,我们不妨坦诚一点,委婉地将自己的心意告知对方。

高手发言

◐ 幽默风趣

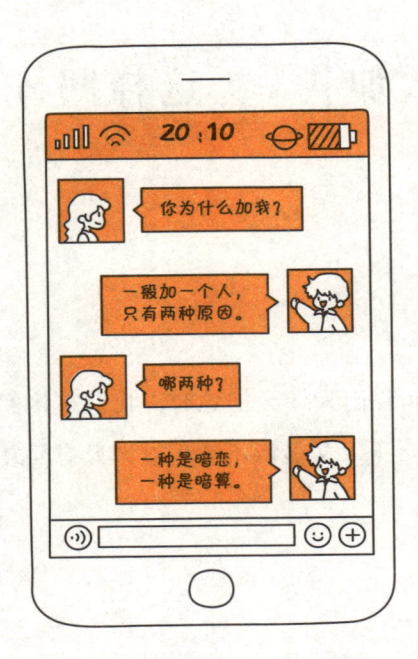

[20:10]
— 你为什么加我?
— 一般加一个人,只有两种原因。
— 哪两种?
— 一种是暗恋,一种是暗算。

[20:11]
— 哈哈,那我是不是应该立刻把你删了才合适?
— 肯定是有事才加你。
— 你想干吗?
— 这得看剧情怎么发展了。

[20:12]
— 嗯?
— 你想听喜剧还是悲剧?
— 喜剧是什么?
— 一见钟情,不期而遇,越发投缘,结婚生子。

[20:13]
— 那悲剧呢?
— 始于心动,毁于猜忌,一别两宽,归于人海。
— 你还挺会说,那你觉得咱们是哪种剧情呢?
— 最终结局,我暂时还不知道。我只知道你再不告诉我你的名字,可能就快要全剧终了。

第 10 章 机智应对社交尴尬

聊天记录 1（20:20）
- 男：你是？加我是有什么事情吗？
- 女：有个兄弟说认识了一个10分的女生，我感觉他在吹牛，所以来看看是个什么情况。
- 男：所以呢？
- 女：这小子平时说话不着调，没想到这次竟然靠谱了一次。

聊天记录 2（20:21）
- 男：没有啦，比我漂亮的太多了，不过你说的朋友是谁啊？
- 女：是你的知心姐妹冯姑娘。
- 男：我知道了。
- 女：敌人的敌人就是朋友，朋友的朋友还是朋友，没毛病吧。

聊天记录 3（20:22）
- 男：好像是这么回事。
- 女：那咱们现在也算朋友了吧？你可别到处说我跟你攀亲戚啊。

　　用幽默让女生卸下防备，同时激起女生的沟通欲望，这样就能拉近彼此之间的距离，为后续的发展做好铺垫。

2 女生说"我比你大",巧妙回复让她心动

在和女生聊天时,女生突然说"我比你大",一个高情商的回复既能缓解尴尬,又能让对话变得有趣和轻松。

◯ 自嘲式回复

> 示例一:哎呀,你比我大?那真的是太好了!我一直觉得和比自己年长的人相处能学到很多东西呢。现在我终于可以放心了,因为有你这位"老前辈"在,我肯定能变得更加成熟稳重,不再担心自己显得太稚嫩了。有你在,我就不用担心这些问题了。
>
> 示例二:哈哈,你比我大?那我可真是捡了个大宝贝!我一直都渴望有个比我大的女生来指导我,传授一些宝贵的人生经验和哲理。毕竟,我们都知道"姜还是老的辣",你的智慧和经验对我来说都是无价之宝。有你在身边,我一定能学到更多,成长得更快。

◯ 浪漫式回复

> 示例一:相比青涩的柠檬,我更喜欢成熟的玫瑰,年龄无法阻碍我和你的故事。

第 10 章 机智应对社交尴尬

示例二：其实我觉得年龄就像是一本书，不同的章节会有不同的精彩。

○ 赞美式回复

示例一：虽然你的年龄比我大，但这并不能减少我对你的喜欢和欣赏。你丰富的阅历和成熟的魅力，总是让我为之倾倒。年龄，那只是外界强加给我们的一个标签，真正让人动心的，是我们内心的交流与碰撞，是那种不言而喻的默契和共鸣。所以，请不要因为年龄而有所顾虑，因为在我眼里，你永远是那个独特且魅力四射的你。

示例二：年龄的差异并不代表我们之间会有隔阂或代沟。实际上，我非常欣赏你的成熟和稳重，这正是我所需要学习和借鉴的。你的智慧和见识总是能够给我带来新的启发和思考，我对此深感敬佩。我渴望能和你一起成长，共同面对生活的挑战和机遇。我相信，在你的陪伴下，我会变得更加成熟和坚强。

○ 幽默式回复

示例一：哈哈，你比我大，那我岂不是要叫你姐姐。不过，你无须有任何照顾我的压力，因为我相信我们之间的关系是相互支持、共同成长的。我会努力成为一个让你感到骄傲的"弟弟"，共同分享生活的喜悦和挑战。

示例二：哈哈，听到你这么说，我简直要笑出声来了！我一直在寻找一个能够"管管"自己的人，那看来你就是这个人。

> 高手发言

3 女生说"我们不合适",怎么回让结局反转

在交女朋友时,男生最害怕听到的话,就是喜欢的女生跟自己说"我们不合适"。但我们要注意,这并不等于结束,我们可以利用语言尝试让结局反转。

情景故事

女生说:"我觉得我们不合适。"

男生说:"哪里不合适了?我是不是哪里做得不够好?如果我哪里做错了,你和我说,我一定改。"

一个女生对你说"我们不合适",确实是一个需要谨慎处理的敏感问题。但这并不意味着你们的感情之路已经走到尽头,而是提醒你需要调整策略,寻找合适的应对方式。需要注意的是,你如果一直追问对方哪里不适合,只会招致女生的反感。

● 相识不久

爱情就像是龙卷风一般,充满了不可预测的魅力。如果得到得太快,

> 那么消失得也会很快,但如果我们选择慢慢品味爱情,让它在时间中逐渐酝酿,那么它所蕴含的力量将会更加持久和强大。

当我们与女生正处于熟悉彼此的阶段,我们大可尝试着挽留。这种话就是在暗示,我们对她的喜欢是经得起考验的,希望对方能够给自己表现的机会。如果女生并不是很讨厌我们,一定会再考虑一下。

相识一段时间

> 没关系,那我们就先做朋友吧。

在了解一段时间后,女生如果表示不合适,必定是经过慎重考虑的。此时,我们要按照对方的意愿来,退而求其次,这样有助于消除对方的抵触情绪。如果我们一味地纠缠的话,很可能会失去最后的机会。在后续的相处中,我们要不断地在她面前体现自己的高价值,逐步吸引对方。

暧昧阶段

> 示例一:好吧,我尊重你的选择。
> 示例二:好吧,我知道了。

在暧昧阶段,对方的拒绝通常是因为对方遇到一个她认为比我们更合适的人,或者通过综合考量后觉得我们不完全符合她的标准。在这种情况下,保持自尊和自信至关重要。如果我们过于降低自己的姿态,可能会让对方觉得我们没有足够的价值或吸引力,从而加剧她对我们的厌倦感。相反,如果我们能够保持自信和自尊，展现出自己的独特魅力和价值，可能会让对方重新评估彼此的关系，甚至改变她的决定。

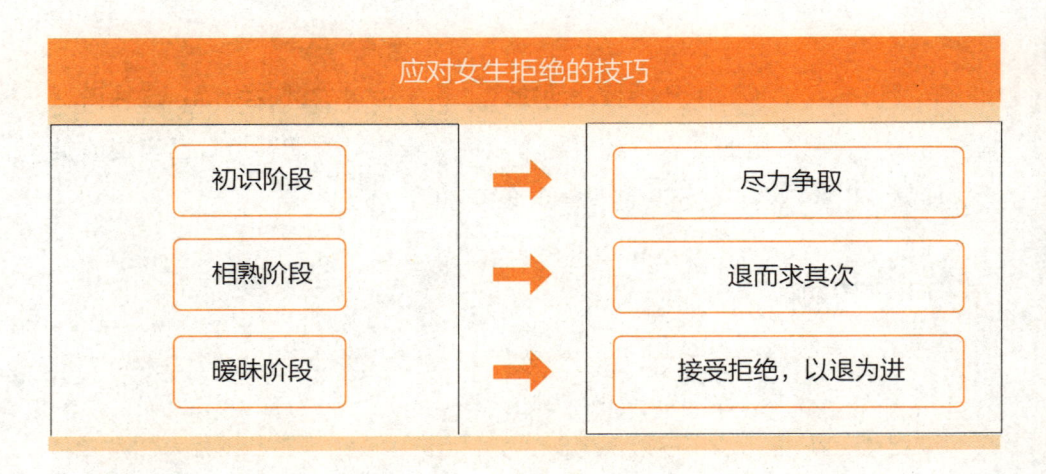

应对女生拒绝的技巧		
初识阶段	→	尽力争取
相熟阶段	→	退而求其次
暧昧阶段	→	接受拒绝，以退为进

4 有人对你进行容貌攻击，如何漂亮地回击

当有人嘲笑我们长得丑，身材不好时，我们大可不必给对方留面子，直接回击就好。但需要注意的是，回击不是骂人，我们一定要注意用词，以免显得自己素质低，落入对方的陷阱。

○ 直接回击

> 示例一：至少我比你好看，你不看看自己长什么样，还有脸说我丑？
> 示例二：外貌不是评价一个人的唯一标准，你的心灵更丑陋。
> 示例三：丑不丑是我的事情，跟你没有关系。你自己的事情做完了吗？还有空管别人丑不丑。
> 示例四：我的外貌我做主，我不会因为别人的眼光而改变自己。而你呢，只会像只苍蝇一样在我耳边嗡嗡叫。
> 示例五：和你比，我算长得不错的了。

针对对方嘲笑的点，直接回击，要么和对方比较，顺着对方的逻辑拉踩对方，要么直接指责对方出言不逊。

高手发言

🔸 优雅回击

> 示例一：风乍起，吹皱一池春水。
> 示例二：此朕家事，何豫于卿？

利用典故回击对方，暗讽对方多管闲事。如果对方听不懂我们在说什么，反倒正中我们下怀，顺便给对方解释一番，让对方落下一个不学无术的形象。

🔸 反讽回击

> 示例一：你话这么多，是比别人多长了条舌头吗？
> 示例二：你是什么牌子的塑料袋，这么能装？
> 示例三：你是不是最近盐吃多了，这么闲得慌？
> 示例四：多吃点鱼吧，看你挺会挑刺的。

不理会对方的嘲笑，直接反过来讽刺对方，拔高自己的气势。面对这种讽刺，对方根本寻不到有效的反制手段，自然会灰溜溜地离开。

🔸 顺口溜回击

> 示例一：我看你是山羊放了绵羊皮，既洋气又臊气。
> 示例二：我看你是发了霉的葡萄，一肚子坏水儿。
> 示例三：下冰雹吃拉面，怎么张开的嘴？
> 示例四：老母鸡上房顶，你算个什么鸟？
> 示例五：种地不出苗，纯纯的坏种！

顺口溜能在回击时增添一丝幽默感，既能化解对方的攻势，又不会显得我们咄咄逼人，让对方无话可说。

5 被起哄请客买单，优雅回应不吃亏

生活中，我们有时候会遇到一些不懂分寸的人，他们可能会不怀好意地起哄让我们请客买单。面对这种情况，只要掌握好回应的语言技巧，就能轻松化解对方的攻势，避免吃亏。

○ 金蝉脱壳式

> 示例一：哎呀，实在不敢当！这次聚会大家都是为了给你面子才来的，我迟到这么久，已经喧宾夺主了。如果我再买单，那岂不是更显得我在抢你的风头？
>
> 示例二：这顿饭由林总精心安排，特意在繁忙的日程中腾出时间，用以款待大家。林总有这份心意又慷慨，无疑是今晚的主角。我深知迟到的不妥，为了表达我的歉意，我愿意自罚三杯，同时也向林总及各位致以诚挚的歉意。

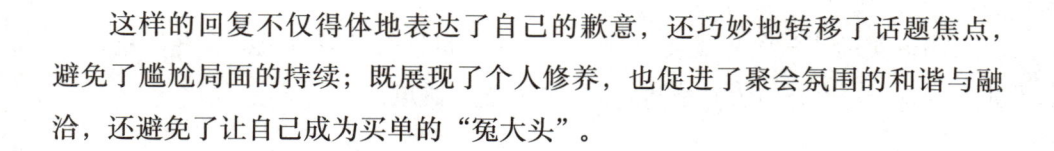

这样的回复不仅得体地表达了自己的歉意，还巧妙地转移了话题焦点，避免了尴尬局面的持续；既展现了个人修养，也促进了聚会氛围的和谐与融洽，还避免了让自己成为买单的"冤大头"。

顺理成章式

> 示例一：今天是我交房租的日子，工资一到账就把大部分转给房东了，所以现在手头有些紧。不如我们这样，既然大家都刚发了工资，今天你就先请客，等我下个月工资到账了，我再请大家一起吃个饭，算是补回来。
>
> 示例二：我今天真的很想请客，但最近我收到工资后，想到我爸妈在农村的生活一直比较辛苦，就第一时间就把大部分钱转给了他们，希望能稍微改善他们的生活。希望大家能够理解，等下次发工资，我一定好好请大家吃一顿。

这样的表述既坦诚地表达了你目前的经济状况，又避免了直接拒绝邀请的尴尬，同时提出了一个具体的回请计划，显示出了你的诚意和感激之情。

以牙还牙式

> 示例一：请客呀，可以啊，我请客你买单嘛，话说你这个月工资不是比我还多吗？不应该是工资多的人请吗？等我下次工资比你多时我就请，好不好？
>
> 示例二：好呀，不过我刚参加工作，手头太紧，要不您借点给我？请同事肯定要好点，300块一位的标准，您借我5000块？等我有钱了一定还您。

用玩笑的语气将焦点转移到对方身上，可能会让对方觉得有些尴尬。但正是这种尴尬会让对方打个圆场，不再让我们难堪。

第 10 章 机智应对社交尴尬

被起哄请客吃饭的三种回应方式

金蝉脱壳式

自谦 + 推出主角 + 致歉

顺理成章式

客气话 + 理由 + 承诺

以牙还牙式

玩笑 + 反讽

> 高手发言

6 有人在饭局上夸你酒量好，幽默回应展示魅力

在酒桌上，人们习惯用推杯换盏来交流情感。而夸赞一个人酒量好，往往是一种友好的表达方式。低情商的人一般会说"还好吧""一般一般，没那么能喝"之类的客套话，但这些回复过于平淡，无法促进进一步的交流和互动。而高情商的人往往会利用这个机会来拉近彼此的距离。

自嘲式回复

> 示例一：我这酒量啊，也就只能喝个乐呵，遇到真正的高手还得认输。
>
> 示例二：您别夸我了，再夸下去我都要飘起来了。其实我的酒量一般，只是今天氛围太好，不小心就喝多了。

此类回复不仅能体现出我们的谦逊有礼，还透露出一种自嘲的机智，会让酒桌上的气氛变得轻松愉快，而对方听到这样的回复也不会再紧盯着"酒量"这个话题不放，能有效避免斗酒情况的发生。

转移式回复

> 示例一：其实我的酒量很一般，只是今天和大家聚在一起，心情特别

好，所以多喝了几杯。

示例二：我真不能喝，主要是这次跟您喝心情好，酒量就不一样了。

此类回复巧妙地将"酒量"转移到"心情"上，暗示自己十分看重对方这个朋友，在和他们相处时感觉非常愉快。这样回复一字一句都在表达着我们的真情实感，在让对方会心一笑的同时，也会加深彼此之间的感情。

○ 调侃式回复

示例一：我可不能跟你们比酒量，你们这可是在鼓励我继续喝呢。不过说真的，我可喝不了多少。

示例二：听出来了，你这是在点我呢！那我敬大家一杯吧。

如果我们和对方的关系比较熟，可以趁机调侃对方，以调动酒桌上的气氛。不过，我们要注意，此类回复针对的是那些活泼大方、开得起玩笑的人，否则很容易让场面变得尴尬。

○ 走心式回复

主要是在今天这样的场合，能和大家一起吃饭、聊天，实在是太高兴了。而且，我一直很希望能更快地融入团队，和大家一起努力，共同促进同事之间的交流。

当我们初入公司或学校社团等团体时，有人夸赞我们酒量好，我们可以趁机表达自己对团队的热爱和期望。这样不仅能巧妙地回应对方的夸赞，还会给所有人留下好的印象。

7 客人说"菜点多了",这样回应让你倍儿有面

当我们请客吃饭时,客人难免会和我们客套一番,说"菜点得太多了""太破费了"等。学会巧妙地回应这些客套话,将有助于我们在社交中构建良好的人际关系。

> **情景故事**
>
> 阳阳代表公司宴请两位重要的客户。双方落座后,一位客户看着面前丰盛的菜肴,忍不住说道:"菜点得太多了,咱们几个人怎么吃得完?"
>
> 阳阳回答说:"您太客气了,今天能代表公司与您二位小聚,我感到非常荣幸。您看咱们好不容易聚一次,也不知道哪些菜符合二位的口味。这家店我常来,就多点了几道特色菜,请你们帮忙品鉴一下。如果有招待不周的地方,还请您二位多多包涵。"

阳阳在回应客户的客套话时,以"多点菜"既展示了自己的热情,又凸显了客户的尊贵。双方寒暄一番后,又可以借着"品鉴"菜品打开话题,以推动后续的沟通,避免了一上来切入的话题过于生硬,影响沟通气氛。

第 10 章 机智应对社交尴尬

○ 低情商回复

> 示例一：没关系，没关系，能吃多少吃多少，剩下也不要紧。
> 示例二：不多不多，您好不容易来一趟，咱们吃点好的。

不管菜品是多还是少，客人口中的"菜点多了"仅仅只是客套话，我们切不可顺着对方的意思回复，否则必然会让对方觉得尴尬，更有甚者会让对方觉得我们对他们有所轻视，使得一件颇有排面的事情，被低情商的回应搞得场面尴尬。

○ 高情商回复

> 刘总，今天能请您吃饭，实属荣幸。不清楚您的喜好，我便选了几样菜品供您品尝。正所谓"远客来访，佳肴相待"，几道小菜，聊表心意而已。这家餐馆在我们这里很有名气，特别是这道松鼠鳜鱼，堪称一绝。请您尝尝，看看是否符合您的口味。如果有招待不周的地方，还请您多多包涵。

餐桌上回应客户的客套话的万能公式

荣幸 + 尊敬 + 歉意	
荣幸 →	表示自己对客人赴宴的举动感到"荣幸"
尊敬 →	将繁多的菜品解读为对客人的一番心意，以示"尊敬"
歉意 →	以"招待不周""多多包涵"等客套话收尾

高手发言

8 同事在领导面前说你不配合他工作，智慧反驳

在职场中，我们偶尔会被同事在领导面前指责"不配合工作"。而面对这种无端的污蔑，我们不仅要反驳，还要有技巧地反驳，如此方能避免自己成为同事的替罪羊。

情景故事

志强在项目组里一直兢兢业业，与同事关系融洽，但在最近的一次项目汇报会上，一名同事却将项目进度缓慢的责任推到他的身上，指责他不配合工作。

同事："我通知你了，产品要在12日之前上线，可你的工作一直完成不了，大家都在等你。"

志强："你别在这里胡说好不好？你什么时候告诉我上线的日期了？"

同事："我明明已经告诉你了，你看你现在又不承认了。"

领导看着争吵的两人，一脸不悦："好了，不要吵了。"

我们在遭到同事的污蔑时，很容易一怒之下与对方发生争执，双方可能会围绕"是否配合"的问题吵得不可开交。但争吵并不能解决问题，反而会给

领导一种气急败坏、尽快撇清责任的感觉。因此，我们在反驳时一定不要纠结于谁对谁错，而要让领导意识到我们是被冤枉的，及时洗清自己的嫌疑。

硬话软说

> 好吧，我承认这件事我的确有些地方做得不够好，没有及时向你问清楚具体需要我怎么配合你的工作。不过，我希望你以后有什么需要我配合的地方，能提前和我沟通清楚，以免出现影响整个团队和公司的事情。

当同事在领导面前指责我们不配合他的工作时，我们不要直接反驳，可以采用"认错+解释缘由+规范行为"的形式进行回复。如此既能够对同事形成有效反击，也能让领导清楚问题究竟出在哪里。

列举证据

> 也许是我没有领会到你的真实意图。当时你说产品要在 7 月份上线，我一直在加班加点地工作。11 日晚上你告诉我说产品要在 12 日上线，我根本来不及反应。这也算我没有配合你吗？

当我们能列举出有效的证据反驳对方时，对方就会无话可说。而我们也只是会承担一个不够主动的责任，甚至根本就不能怪罪我们。

9 毫不相干的人给你派活儿,这么说不吃哑巴亏

在职场中,我们时常会遇到一些突如其来的任务,尤其是当这些任务来自那些"八竿子打不着"的同事或上司时,我们往往感到无从下手,甚至有一种被"强人所难"的无奈感。面对这种情况,我们要学会利用高情商的沟通技巧巧妙应对。

情景故事

海龙正在专心工作,一位同事抱着一堆文件走了过来,随手放在了海龙的桌子上。

同事说:"这批文件很急,下午开会马上要用,你帮忙审一下。"

海龙抬头看了他一眼,说道:"又不是我的活儿,干吗让我做?"

同事说:"帮帮忙嘛,我实在走不开,下午总公司那边来人,不能耽搁的。"

海龙皱着眉,说道:"可这和我有什么关系?"

同事说:"你这人怎么这样呢?算了。"

当同事或其他与自己不相干的人委托我们做一些工作时，我们不要直接拒绝，以免遭人记恨；也不要以"我事情很多，根本忙不过来"为借口，这样与直接拒绝没有什么区别。我们要高情商地回复，既让对方知难而退，又不会让他们因此记恨我们。

"拖"字诀

> 做确实能帮你做，但是，我没法保证什么时候能抽出时间来。最近我手头的工作也很多，方方面面催得都很紧。主要是怕耽误了你的工作，如果你着急的话，还是去问问别人吧。我的确是有心无力。

所谓"拖"字诀，就是我们想要帮忙，但目前手头的工作太多，可能近期都抽不出时间来，很可能会耽误对方的工作。提前将自己的难处讲清楚，对方就会权衡利弊，大多情况下，他们都会选择放弃。而我们的委婉说辞也不会让对方心生怨言。

拿领导做挡箭牌

> 示例一：我知道这件事对你来说很急，但要做好是需要时间的，而我手上的工作也还没做完。要不你找领导商量一下，让领导来安排。
>
> 示例二：经理把我的工作都安排满了，还要求我必须按时完成。要不我跟经理说一下，把他安排的工作推后，先把你安排的工作给做了？

把领导推出来，对方自然就不会再纠缠，毕竟很多人都是打着欺负新人的主意偷懒，肯定不愿将这种事捅到领导层。

总之，一些别的部门的领导或者员工，把不属于你的工作派给你，确实是令人烦恼的事。我们拒绝的决心一定要坚定，但是拒绝的方式一定要巧妙，这样才能避免得罪人。